ふわふわの羊毛を
石けん水で
こすって固める

水フェルトのバッグと小物

緒方伶香

誠文堂新光社

はじめに

糸になる前の「羊毛」という素材に魅了されてから、早くも四半世紀が過ぎました。紡げば糸になり、糸を織れば布に、編めばニットになる。 染めたり織ったり編んだり、そしてフェルトにしたり。 最近では、キッチンで気楽に毛糸を染める人も増えてきました。

「羊毛」の手しごとは、生活に快適さと彩りを生み出しますが、中でも「水フェルト」は、日本では新しい技法といえます。 水分で浸し振動を与えれば、繊維が絡み合い、ひとかたまりに。袋状のものから身につけるものまで、欲しい形に仕上げることができます。

本書では、この水を使った羊毛の手しごとを「水フェルト」と呼び、基本的な作り方の要点をご紹介しています。 特にこだわったのは、“実用的で薄くて軽い！”というところ。「水フェルト」といえば、厚みのあるぽってりとした可愛いフォルムの作品が多いのですが、本書では、厚みにさよならして、薄さと軽やかさ、お洒落に身につけられる実用性を追求しました。半毛がフェルト化していく感覚は、繰り返し作ることでだんだんとわかってくるようになります。失敗しても楽しんでトライしていただけるとうれしいです。

今、わたしはこの原稿を メリノウールの国、南アフリカで書いています。 カラハリを南下してケープタウンに向かう道中、牧草を食べる羊の群れに遭遇します。 砂漠化が進み羊毛の価値は日に日に高まっていますが、日本で良質な羊毛を使って手しごとを楽しめることと、「水フェルト」の本が一冊にまとまり、羊毛好きのみなさんの役に立つことに、心から喜びを感じています。 わたしたちの暮らしに欠かせない魅力的なウールの世界へ、ようこそ。

緒方伶香

目次

持ち手を取り外せるザブトンバッグ

使用した羊毛
ハマナカ フェルト羊毛ソリッド
No.9、No.1

作り方
P.42

型紙
P.80 ❶

4時間で作る肩かけバッグ

使用した羊毛
ハマナカ フェルト羊毛ソリッド
No.1

作り方
P.44

型紙
P.81

②

まるい持ち手のバッグ

使用した羊毛
ハマナカ フェルト羊毛ソリッド
No.62

作り方
P.47

型紙
P.82

3

よこ長の
グロサリートート

まちあり

まちなし

使用した羊毛

まちなし／ハマナカ フェルト羊毛ソリッドNo.8、
まちあり／ハマナカ フェルト羊毛ナチュラルブレンドNo.815

作り方
P.49

型紙
P.83

4

りんごの小物入れ

使用した羊毛
ハマナカ フェルト羊毛ソリッド
No.45

作り方
P.52

型紙
P.84

5

同じ型で作る2種のポーチ

さんかく／しかく

使用した羊毛

さんかく／ハマナカ フェルト羊毛ナチュラルブレンドNo.816

しかく／ハマナカ フェルト羊毛ナチュラルブレンドNo.814

作り方 P.54

型紙 P.85

6

めがねケース

みずたま ／ しましま

使用した羊毛

みずたま／ハマナカ フェルト羊毛ナチュラルブレンドNo.824、
フェルト羊毛ミックスNo.206
しましま／ハマナカ フェルト羊毛ソリッドNo.4、
フェルト羊毛ミックスNo.201

作り方 P.56 ｜ 型紙 P.86

7

2TONEのタブレットケース

使用した羊毛
ハマナカ フェルト羊毛ナチュラルブレンドNo.823、
フェルト羊毛ソリッドNo.21

作り方 P.57

型紙 P.87

8

どうぶつスマホケース

キツネ／マレーバク／チンチラ

使用した羊毛

キツネ／ハマナカ フェルト羊毛ミックスNo.206、
フェルト羊毛ナチュラルブレンドNo.802、フェルト羊毛ソリッドNo.9
マレーバク／ハマナカ フェルト羊毛ソリッドNo.9、
フェルト羊毛ナチュラルブレンドNo.802
チンチラ／ハマナカ フェルト羊毛ナチュラルブレンドNo.806、No.802、
フェルト羊毛ミックスNo.209

作り方 P.58
型紙 P.88-89
9

マグリットの山高帽

使用した羊毛

黒／ハマナカ フェルト羊毛ソリッドNo.9
グレー／ハマナカ フェルト羊毛ミックスNo.209

作り方
P.64

型紙
P.90

10

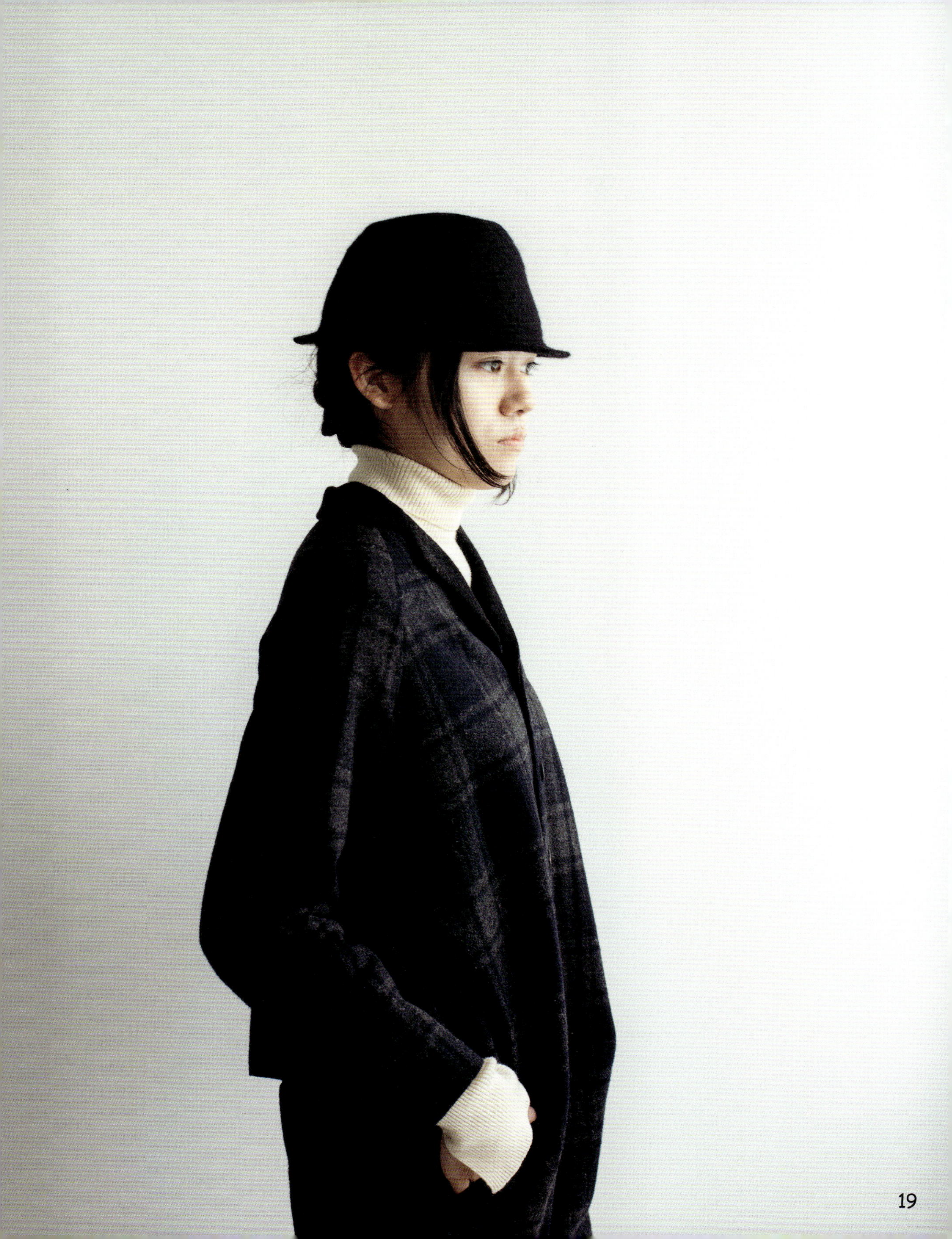

パンみたいに軽いベレー帽

11

使用した羊毛
ハマナカ フェルト羊毛ソリッド
No.1

作り方 P.34

型紙 P.91

アルファベットのサウナハット

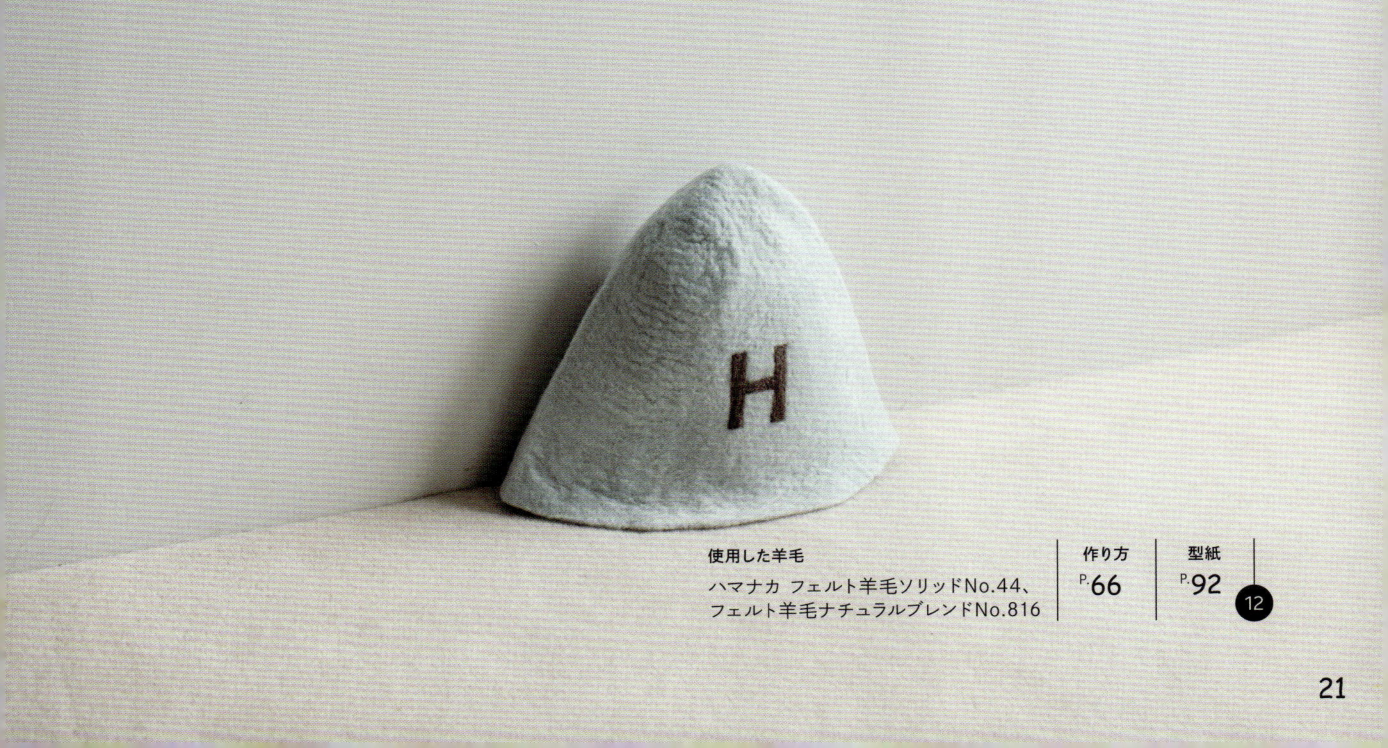

使用した羊毛
ハマナカ フェルト羊毛ソリッドNo.44、
フェルト羊毛ナチュラルブレンドNo.816

作り方 P.66
型紙 P.92

12

白いBALLET SHOES
SIMPLE SHOES

使用した羊毛

白／ハマナカ フェルト羊毛ソリッドNo.1
ピンク／ハマナカ フェルト羊毛ソリッドNo.56

作り方
P.70

型紙
P.93-94 13 14

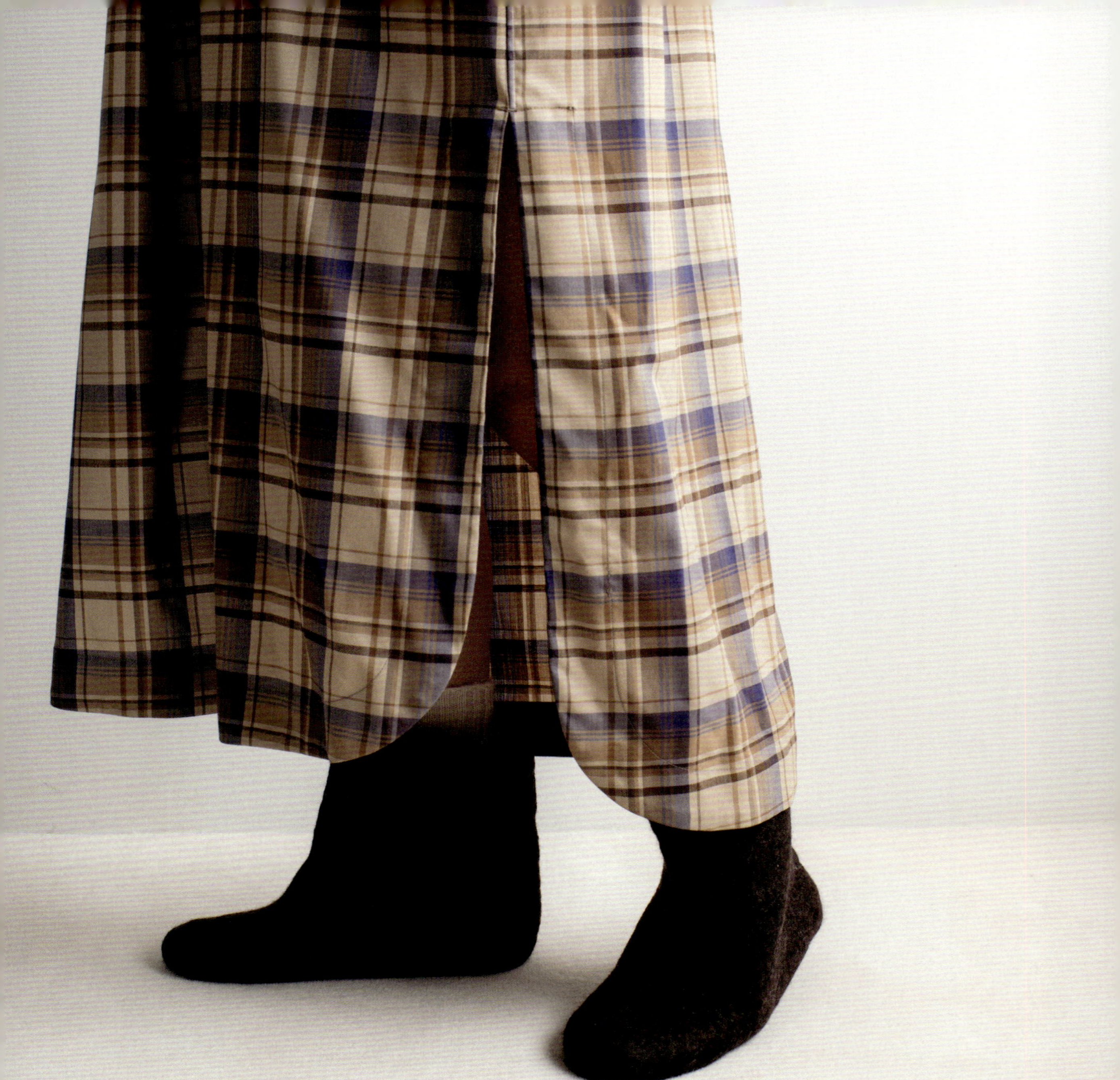

足首まであたたかい
ROOM SHOES

使用した羊毛
ハマナカ フェルト羊毛ミックス
No.208

作り方
P.73

型紙
P.95

15

冬のピアス

使用した羊毛
ハマナカ フェルト羊毛ソリッドNo.1、
フェルト羊毛ミックスNo.209

作り方 P.76
型紙 P.77

16

水フェルトの基本

難しいこと抜き、大切なのは、
やさしく根気強くこすること。
水フェルトの原理から、必要な道具、
平面と立体のフェルト化の基本まで、
これだけ覚えておけば本書の作品作りは
もちろん、アレンジも自由自在です。

水フェルトとは？

「水フェルト」を説明するにあたり、実は正確な呼び名は定かではありません。

しかし、乾いたままの羊毛を専用の針・フェルティングニードルで刺し固める方法に対し、水で濡らした羊毛をフェルト化するという方法が、徐々に「水フェルト」という呼び名で定着したと考えています。

皆さんにも心当たりがあるかもしれませんが、セーターを間違って洗濯機に放り込んでしまい縮んでしまった時、まさに羊毛がフェルト化する条件が揃っている、と言えます。

つまり、水フェルトとは、羊毛が水と振動によってひとかたまりの布になること、を指します。

ふわふわの羊毛を作りたいものの形に並べ、お湯を染み込ませてからこすって形にしていく。そのこすり方は、はじめはやさしく、かたまり具合を確認しながら、徐々に力を入れていくのがコツです。そして、何度も作っていくうちに、羊毛のちぎり方や並べ方、重ね方、フェルト化が進み固くなっていく感覚が、体に染みつき覚えていきます。

不本意にもセーターが縮んでサイズダウンしてしまうその原理を生かし、自分の欲しい形を自由自在に整え作る。それには繰り返しが必要です。

本書では、それを「水フェルト」と呼びます。

フェルト化の基本

上手にフェルト化させるためには、いくつものポイントがあります。
まずは、シンプルな平面のフェルトを作ってみましょう。
完成したフェルトは、コースターやアクセサリー(P.25)に活用できます。

平面のフェルトの作り方

道具

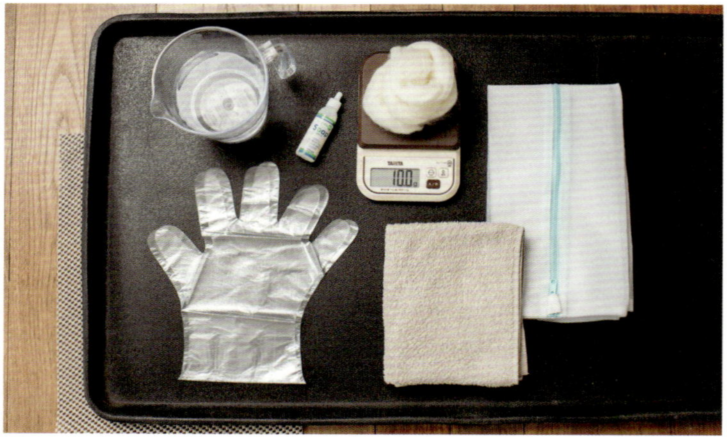

ラゲージトレイ
縁が立ち上がっているので、水作業がしやすい。オンラインやカー用品店などで購入できる。下に滑りどめシートを敷くと作業がしやすい。

お湯
計量カップなどに40度程度のぬるま湯を入れておく。※お湯は保温機能のあるポットなどに入れておくと、常に適温のお湯が使用できて便利

ハマナカ フェルト羊毛専用ソープ
手にやさしく適度に細かい泡が立つ、フェルト専用中性ソープ。500mlにティースプーン1杯入れて使用。※弱アルカリ性の洗濯用石けんや食器洗い用石けんでも代用可

キッチンスケール
1g単位で計れるデジタルスケールが使いやすい。

ポリエチレン手袋
羊毛をこするときに使用する。
※ビニール手袋は羊毛がくっつくのでNG

タオル
濡らして使う。巻いて転がすことでフェルト化を促進させる。型紙よりも大きなサイズを用意する。

ネット(洗濯ネット)
100円ショップなどで売っている大きなサイズのものを選び、切り開いてファスナー部分をカットする。

材料

出来上がりサイズ
12×12cm

ハマナカ　フェルト羊毛ソリッド
No.1 … 10g
- 調整用 1g
- 帽子本体
  - 1層目：3g
  - 2層目：3g
  - 3層目：3g

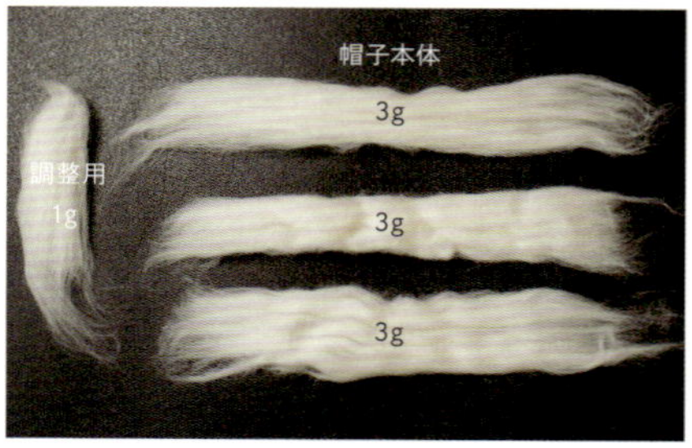

羊毛のちぎり方

1

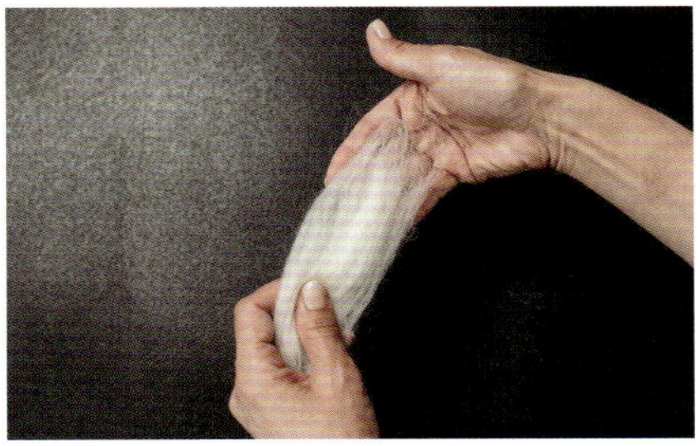

羊毛の端を利き手の指の上に平行に置く。

2

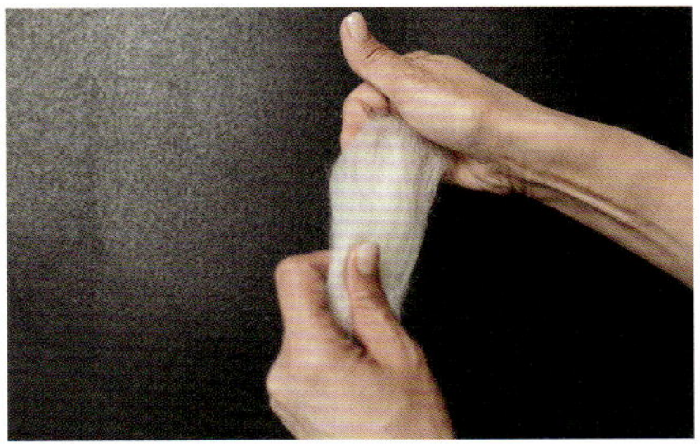

指と親指の付け根（母指球）で羊毛をぐっと挟む。

3

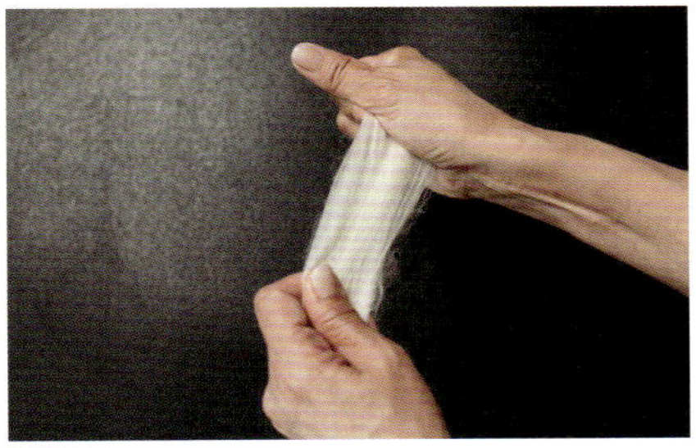

10㎝以上離して両手でにぎる。

4

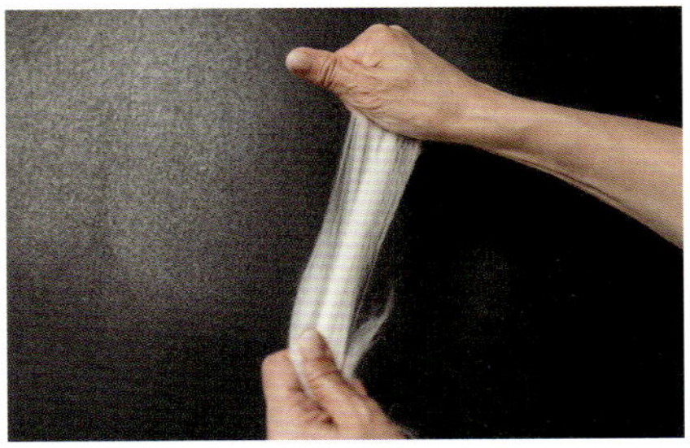

両手で引っ張り、引き抜くように羊毛をちぎる。

※このとき、両手の距離が近いと約10㎝ある繊維の両端を引っ張ることになり、うまくちぎることができないので、10㎝以上離れた場所を持ってちぎるのがコツ。また、手のひらに乗せた羊毛を力を入れずにまっすぐちぎり、ちぎった状態のまま並べることで厚みが整い、仕上がりがフラットできれいになる

羊毛の並べ方

5

10㎝程度の長さにちぎった羊毛の繊維を縦に揃え、横1列に20㎝ほど並べたら、1列目の下部（薄い部分）に2列目の上部が重なるように並べていき、約20×20㎝四方になれば1層目が完成。

6

2層目は、繊維を横に揃えて並べる。

7

3層目は、繊維を縦に揃えて並べる。

8

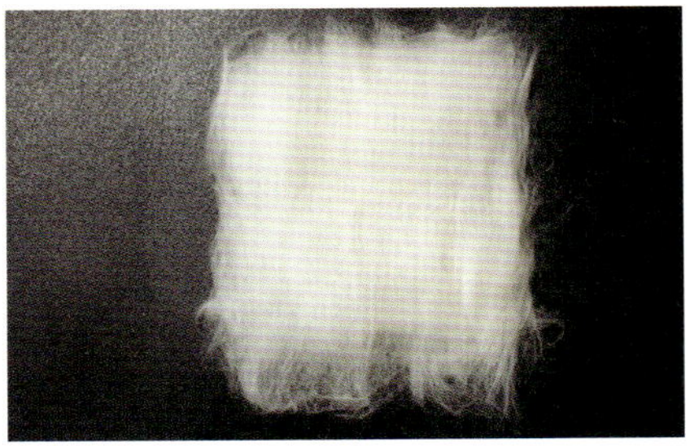

3層目を並べ終わると、3～4㎝程度の厚さになる。

フェルト化する

9

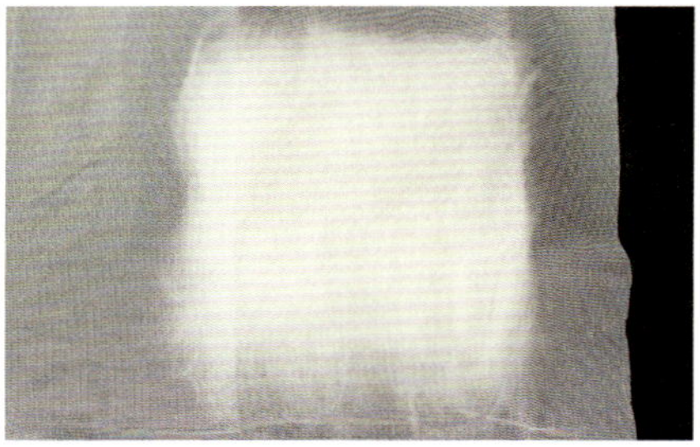

3層重ねた羊毛の上にネットを被せる。

10

お湯にフェルト羊毛専用ソープを表示通りの分量で加え、よく混ぜる。

11

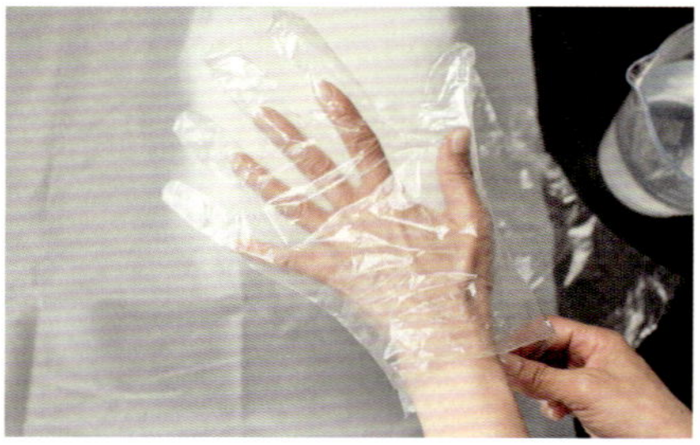

ポリエチレン手袋を両手に装着する。

12

ネットの上から、ソープ入りのお湯をかける。

13

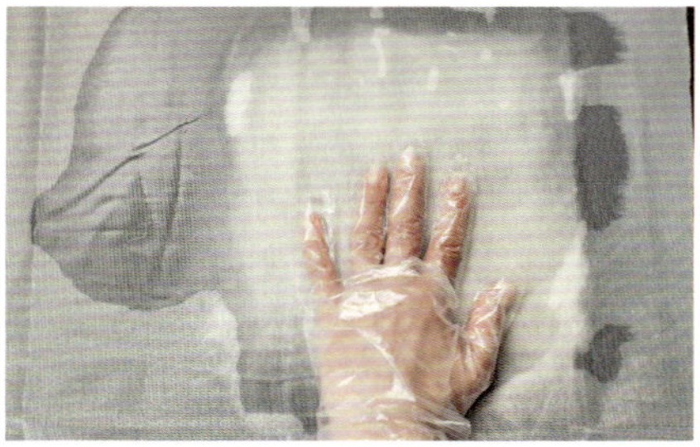

全体に水分が行き渡るように軽く手で押さえる。

14

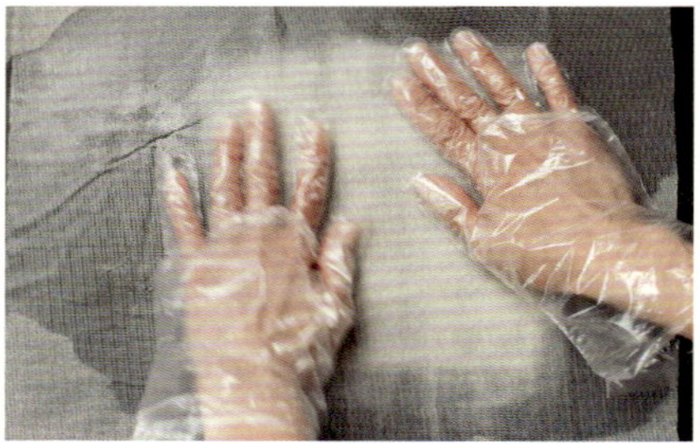

気泡があれば押し出し、全体を両手でプレスする。

15

この段階では絶対にこすらないように注意。

16

ネットをそっと剥がし、厚みと繊維の美しさをチェックする。

17

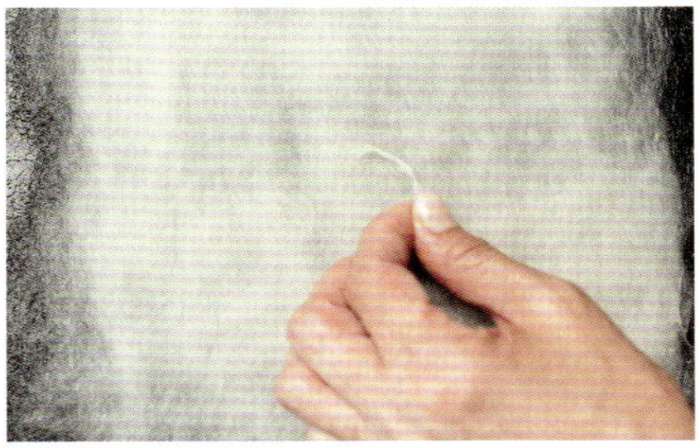

羊毛の繊維のスジが目立つ場合は、はさみでカットする。カットした後の繊維は軽くなでるようにしてなじませる。

18

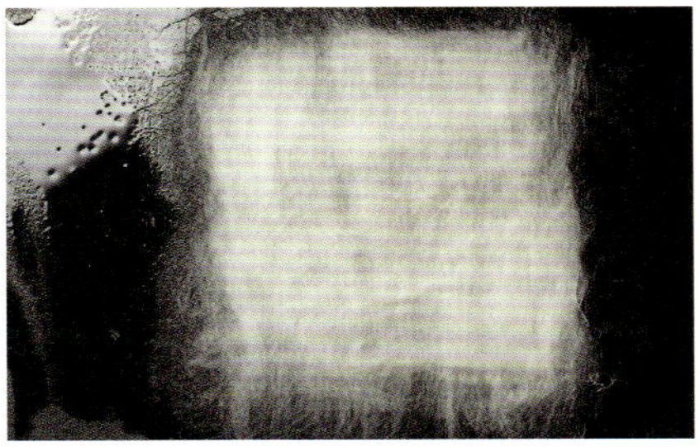

チェックが終わったら、四方の薄い部分を整える。

19

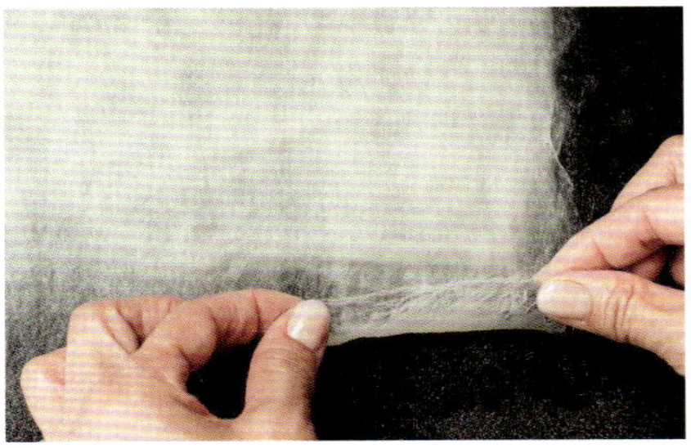

まずは、上下端の薄い部分を折り返す。

20

端を指で抑えながら、羊毛の繊維を伸ばすようにすると、きれいに仕上がる。

21

次に左右の薄い部分を折り返す。

22

角の部分は、裏側に巻き込むようにして処理する。

23

四方を整えたら、厚みが薄いところがないかチェックする。※約17cm四方になっていればOK

24

調整用にとっておいた羊毛を少量ずつとり、薄い部分に重ねる。

25

厚みがだいたい均等になればOK。

26

ネットを被せ、ソープ入りのお湯をかけて上からプレスする。

27

ネットをそっと剥がし、はみ出ている部分を裏側に折り込む。

28

ネットを被せ、最初は手の平全体でなでるようにこすり、徐々に速くてしていき、やさしい力加減のまま振動を与えるように10分ほどこする。※水分が足りないと羊毛のキューティクルが開かないので、途中でソープ入りのお湯を足して水分を保つ

29

ときどきネットをめくり、表面をつまんでみて、フェルト全体が持ち上がればフェルト化した証拠。裏面も同様にフェルト化させる。

30

ネットを外し、両端を持って折りたたむように曲げたり伸ばしたりと立体的な動きを繰り返す。※フェルトが這うようなイメージで行う

31

1辺につき5回曲げたり伸ばしたりを繰り返し、さらにそれを5回ずつ行う。

32

全体が15㎝四方ほどに縮み、表面が波打ってきたら次のステップへ。

33

ぬるま湯で濡らしたタオルの上に置く。

34

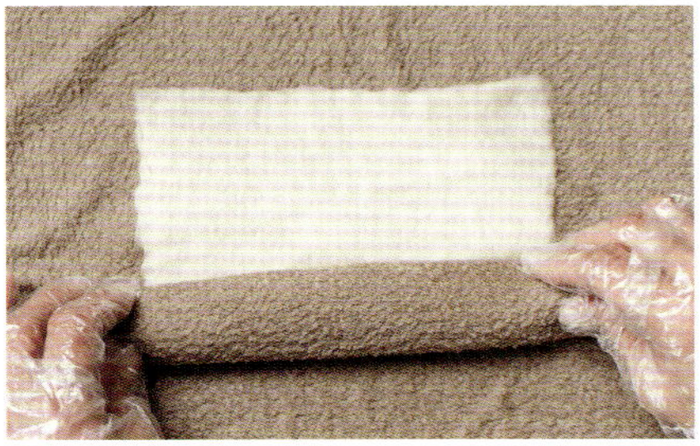

タオルごと巻いていく。

35

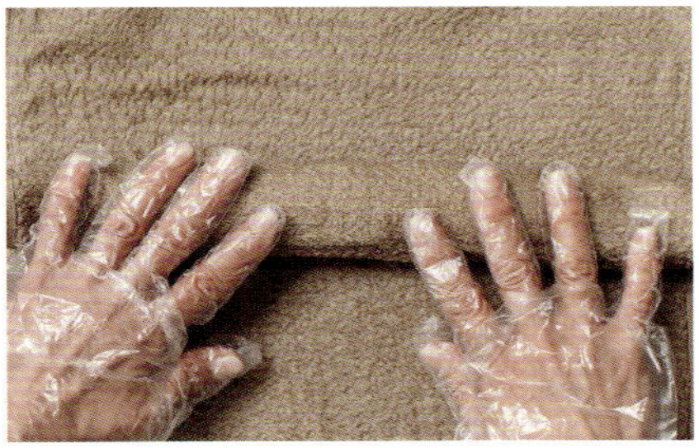

前後に優しく転がす。巻きはじめの部分が一番縮むため、途中でフェルトの向きを変えながら繰り返す。

36

さらにひとまわり縮み、しっかりとした厚みが出てきたら完成間近。

37

最後は直接手で揉んだりこすったりして、好きなサイズと硬さに仕上げる。

38

フェルト化完了。

袋状のフェルトの作り方

パンみたいに軽い仕上がりの白いベレー。羊毛を薄く均等に置くのがポイントです。
固めすぎず縮ませすぎず。帽子作りの初心者さん向けです。

材料

出来上がりサイズ
直径27㎝（頭囲56cm／穴の直径約14cm）

ハマナカ　フェルト羊毛ソリッドNo.1 … 100g

［調整用：5〜10g
1層目：表用15g、裏用15g
2層目：表用15g、裏用15g
3層目：表用15g、裏用15g］

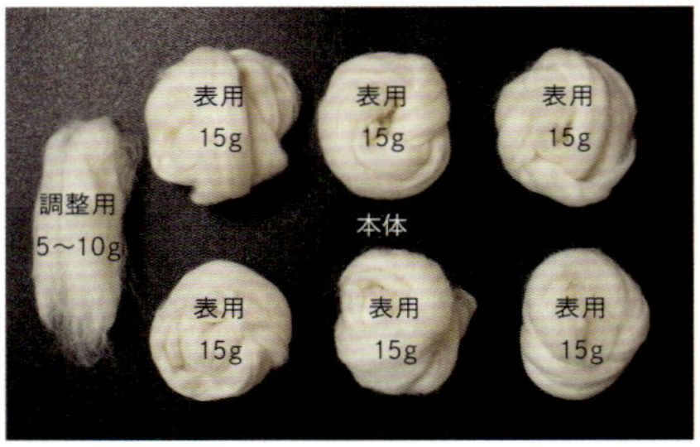

※羊毛のちぎり方はP.28を参照

1

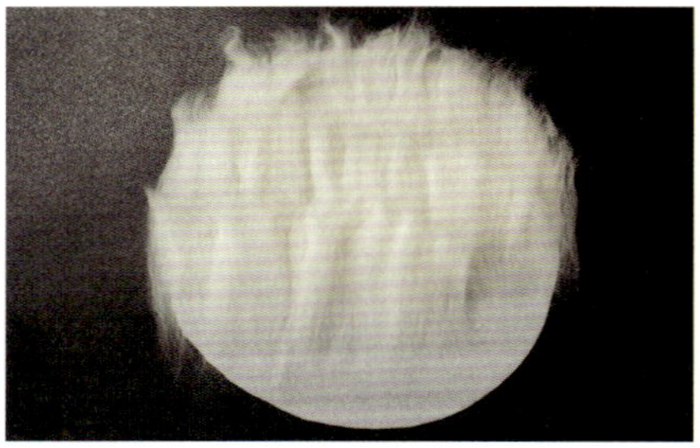

ウレタンシートの型紙の上に、表用の羊毛を繊維が縦方向になるように並べていく。4段並べたら1層目ができる。※型紙からはみ出しすぎないようにする

2

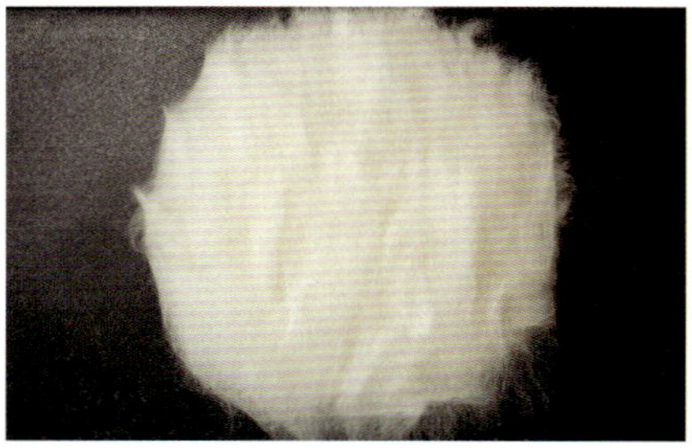

2層目は羊毛の繊維を横方向に、3層目は再び縦方向に並べる。

3

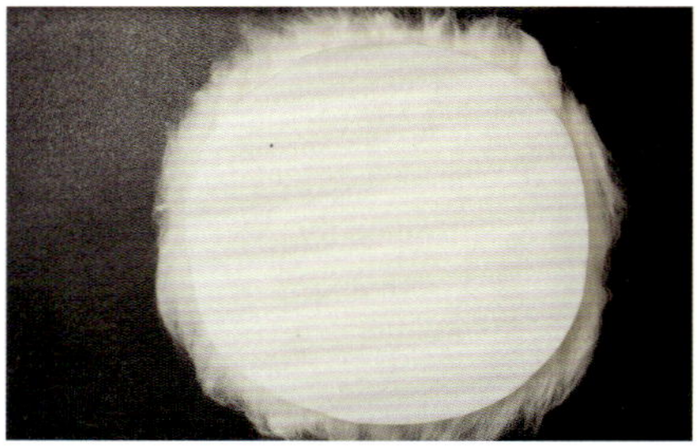

羊毛がずれないように気をつけながら、全体をひっくり返す。※下にある型紙だけを引き抜いてもいい

4

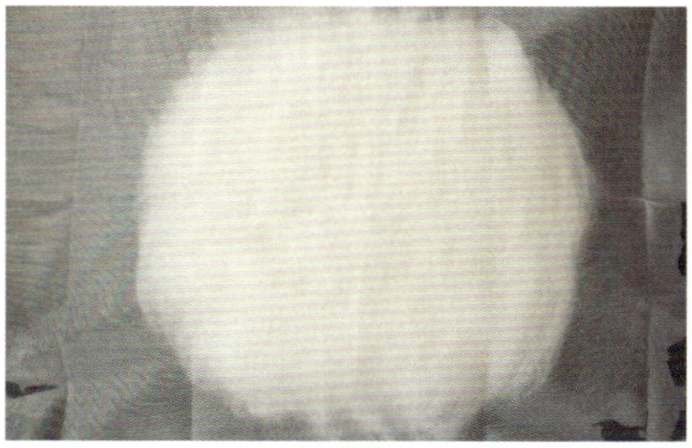

型紙を外し、上にネットを被せる。

パンみたいに軽いベレー帽

作品
P.20

型紙
P.91

1

5

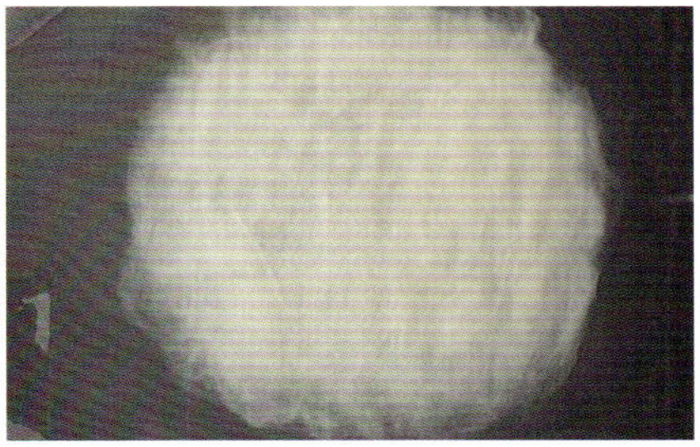

ソープ入りのお湯をかけて羊毛全体を濡らす。

※P.28平面のフェルトの作り方9〜14参照

6

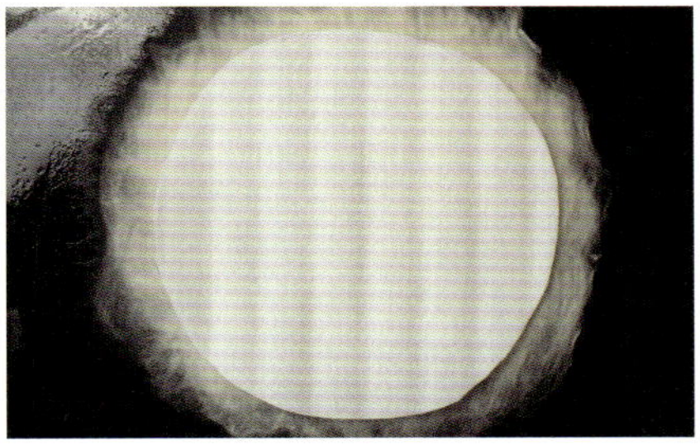

ネットを外し、型紙を中央に置く。

7

型紙からはみ出ている羊毛を、型紙に沿って折り返す。

8

羊毛を軽く引っ張り、型紙の縁に合わせて隙間ができないようにする。

9

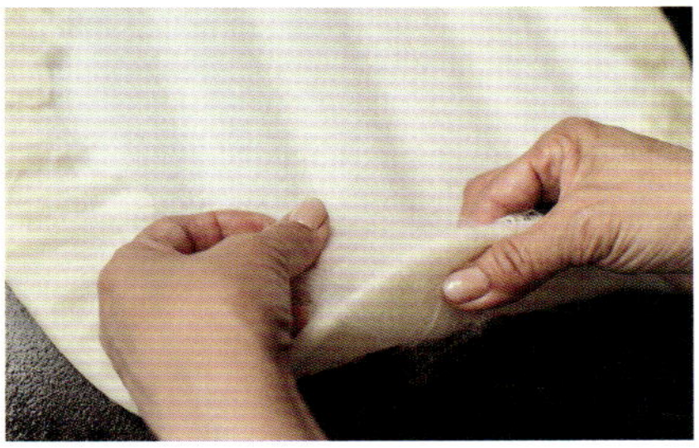

縁の厚みをチェックして、薄いところがあれば調整用の羊毛をちぎって重ねる。

10

裏用の羊毛を3層重ねる。

11

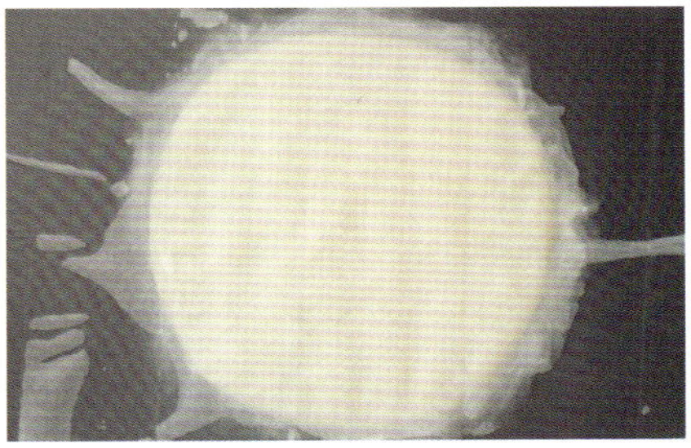

ネットを被せ、ソープ入りのお湯をかけて全体を濡らす。

12

ネットを外し、全体をひっくり返す。※上にビニールを被せ、ビニールごとひっくり返すとうまくできる

13

はみ出ている羊毛を表側に折り返す。

14

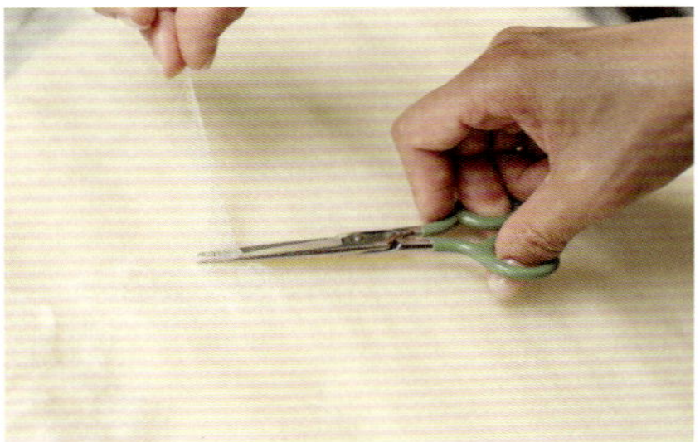

表面をチェックし、繊維のスジやゴミが混ざっていたら切り取る。

15

縁の厚みをチェックして、薄いところがあれば調整用の羊毛をちぎって重ねる。

16

ネットを被せ、ポリエチレン手袋を装着した両手で、縁の側面からやさしくこすり始める。

17

中にある型紙を意識しながら、型紙と羊毛の間に隙間ができないように気をつける。

18

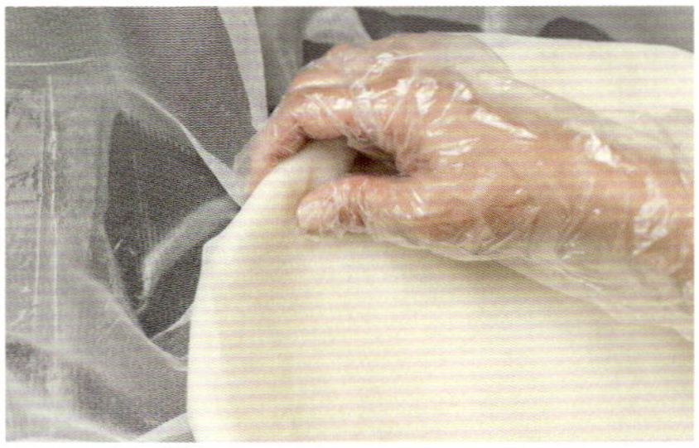

ネットを裏に巻き込むようにして、縁の側面をたくさんこする。

19

縁の側面は4本の指の付け根を使ってなでるようにこする。さらに全体をこすったら、裏返して裏面も同様にこする。

20

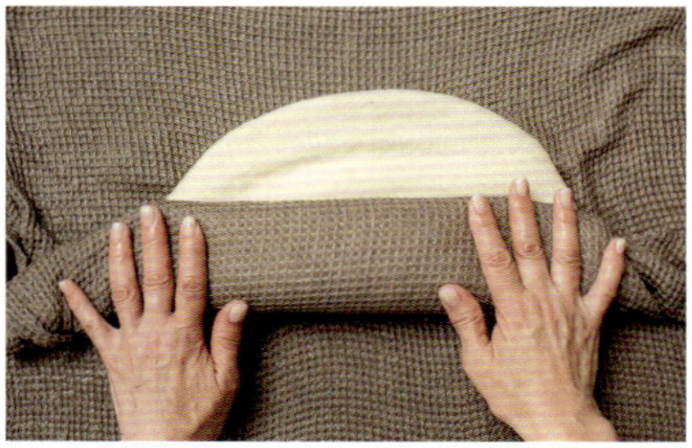

P.28平面のフェルトの作り方30〜31と同様に表裏を各方向から曲げたり伸ばしたりを繰り返したら、濡らしたタオルで巻いて転がす。

21

裏表ともにタオルで巻いて各方向から転がし、直径約32cmになるまでフェルト化させる。※中の型紙よりもフェルトが小さく縮まるので丸まってくる

22

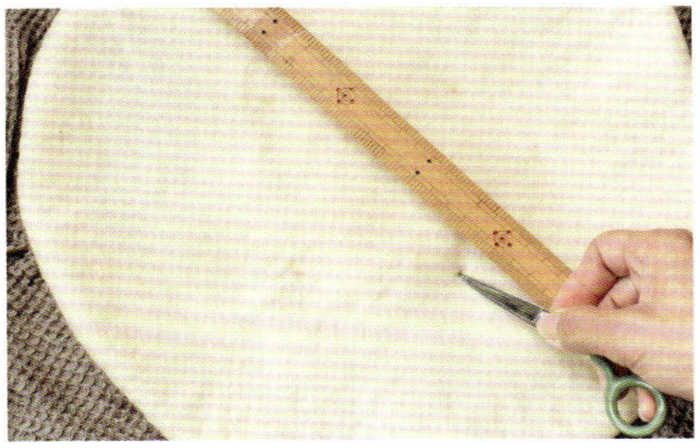

頭を入れるための穴を開ける。端から10cmのところにはさみの先を押し当ててガイドを付ける。

23

8カ所ほどガイドをつける。

24

ガイドに沿って、はさみで丸く切り取る。※切り取ったフェルトはP.25のアクセサリーに利用できる

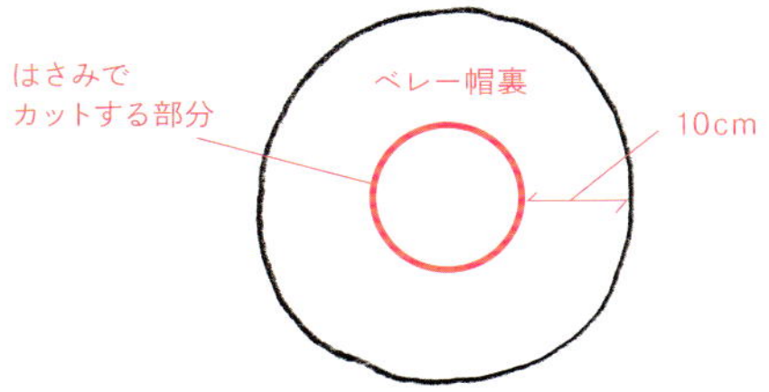

25

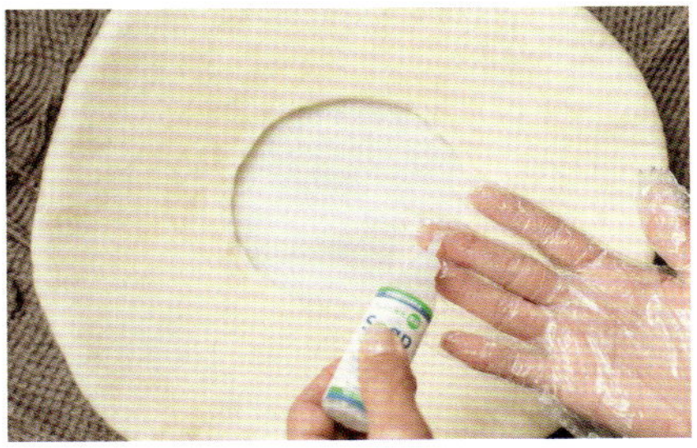

ポリエチレン手袋を装着した手に、フェルト用ソープの原液を数滴たらす。

26

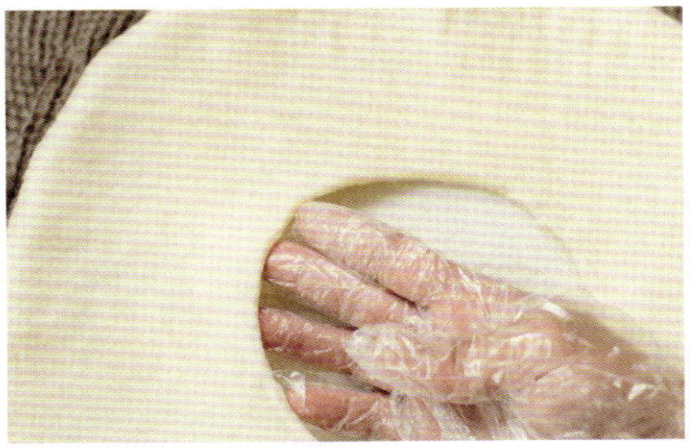

切り口の断面にフェルト用ソープを付けてやさしくこすり、切り口が広がらないようにする。

27

5分ほどこすって断面がしっかりとフェルト化したら、中の型紙を引っぱり出す。

28

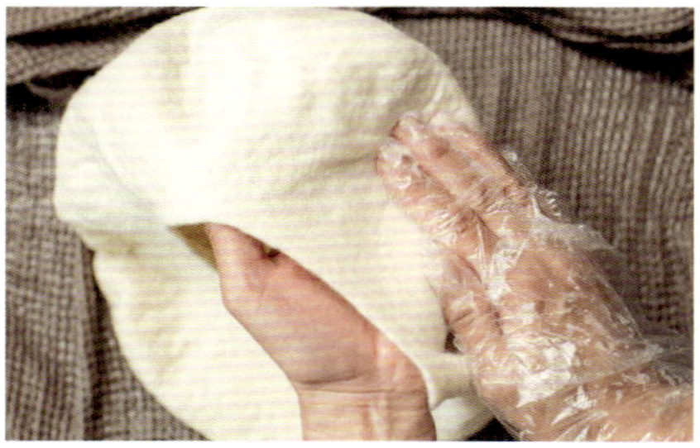

フェルト用ソープの原液を数滴たらし、両手で挟むようにしながら力を込めてこする。

29

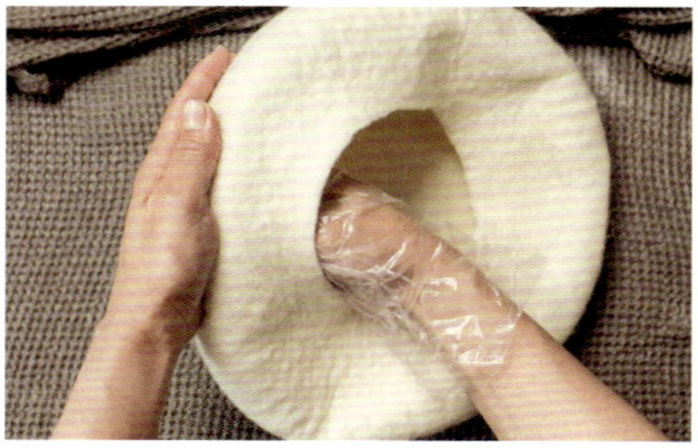

内側もしっかりとこする。しわを伸ばしながら、立体的にする。※自分で被りながら大きさを調整してもいい。

30

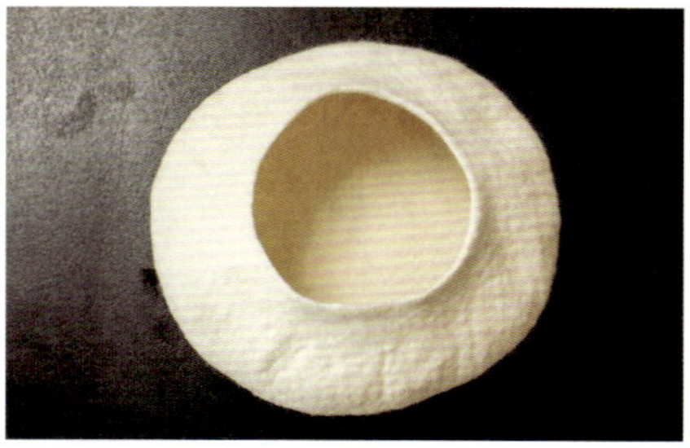

最後にぬるま湯で洗い、脱水してから乾かして完成。

フェルト化のまとめ

作品を作る前に、基本をおさらい。
これさえ覚えておけば、
好きな形やサイズにアレンジできます。

羊毛のちぎり方

羊毛の状態には、刈りとったままの状態から大きなシート状までいろいろありますが、この本では、まっすぐ梳かされた羊毛を使っています。
まずは、羊毛の繊維を乱さないように持ち、やや離れたところをそっと引き抜くようにちぎることがポイントです。繊維の束をまっすぐ美しくちぎることができれば、全体の厚みが均等になるように並べられます。そして、美しい仕上がりになります。
水分を含ませる前の段階の羊毛の置き方、並べ方が仕上がりに影響します。また、よく絡むようにするために、繊維の方向を縦・横・縦に重ねます。本書では、覚えやすく作りやすいように3層にしています。
※つい薄い場所に新たに用意した羊毛を補充したくなりますが、なるべくはじめに用意した量で仕上げます

ソープ入りのお湯で濡らす

通常、羊毛の繊維の表面にある鱗状のキューティクルを逆立てて絡ませるためには、弱アルカリ性の洗濯用石けんを使うことが多いですが、ここでは、洗剤の性質は問いません。フェルト化を促進させる時、微量な洗剤による泡の力でこすりやすくなります。

濡れた羊毛に振動を与える

①ポリエチレン手袋を付けてネットの上からこする
②フェルト化が少し進み、繊維が一体化してきたら、ゆっくりと曲げたり伸ばしたりして立体的に振動を与える
③更にフェルト化が進んだらタオルに巻いて転がす
④手で力を入れて揉んでこする

袋状にする時は、型紙を羊毛で包み込んでからフェルト化させる

袋状のものを作る場合は、ウレタンシートで型紙を作り、包み込んで、中に空洞を作ります。フェルト化させてから型紙を取り出し、内側もこすってフェルト化させます。

型紙が変わるだけで、袋状アイテムの手順はすべて同じ

カットする位置や成形の仕方でフォルムが変わります。

フェルトが完成したら

ぬるま湯で石けん分を洗い流して脱水し、形を整えます。
※この時、羊毛が薄い部分やうまくフェルト化しなかった部分があれば、フェルティングニードルで刺して整えてもよい
当て布の上からアイロンをかけて自然乾燥させると、表面のシワが落ち着き、美しい仕上がりになります。
※帽子の場合、中に丸めたタオルなどを入れ、表面からアイロンをかける

本書で使用した道具と羊毛

道具

型紙に使うもの

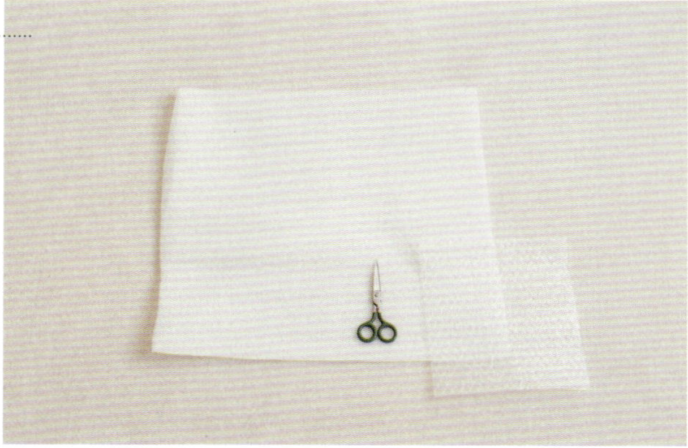

型紙用ウレタンシート
厚さ4㎜程度のもの。「アナンダ」のwebショップ（https://ananda.jp/）などで購入できる。梱包用の薄手のものは2～3枚重ねてテープなどで固定して使う。

エアパッキン
表面に凹凸がない、フラットなタイプのポリエチレン製のエアパッキンがベスト。大きなものを作るときは、複数枚を貼り合わせて使う。

はさみ
型紙やフェルトをカットするときに使用。刃先が鋭利で切れ味のいい小さめのものが使いやすい。

フェルト化に使うもの

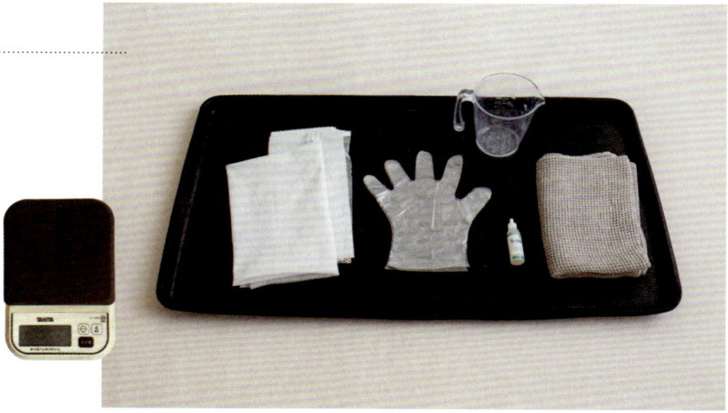

ラゲージトレイ
ネット（洗濯ネット）
ポリエチレン手袋
計量カップ・お湯
ハマナカ フェルト羊毛専用ソープ
タオル
キッチンスケール
※各詳細はP.28を参照

仕上げ・成型に使うもの

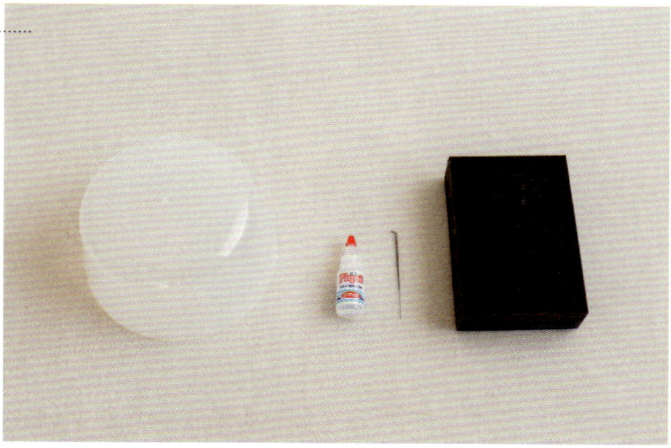

フェルト羊毛 ハットシェイプ（クロッシェ）
ポリプロピレン製の帽子の型。山高帽の成型に使用する。頭回り約58㎝。

ほつれ止め液
ピアスを作るとき、カットしたフェルトの断面に塗る。

フェルティングニードル
羊毛をフェルト化させるための専用の針。針先の返しによって、何度も刺すだけで毛が絡み合い、石けん水なしでもフェルト化する。

フェルティング用マット
フェルティングニードルを使う際、下に敷いて使用する。たわしやスポンジで代用できる。

ハマナカの公式通信販売サイト
ハマナカ商店　amuuse-hamanaka.com

水フェルトに使用する羊毛をはじめ、手あみ糸や手芸用品が揃う。

羊毛

フェルト羊毛ソリッド

バッグから小物まで幅広く使える、メリノウール100％のスタンダードシリーズ。ピンクや黄色などのビビッドなカラーも揃う。全44色、1袋50g入り。

フェルト羊毛ナチュラルブレンド

ナチュラルでニュアンスのあるカラーが特徴。短めの繊維と粗い風合いは、バッグやニードルを使った小物に最適。全20色、1袋30〜40g入り。

フェルト羊毛ミックス

4〜5色のメリノウールをミックスした商品。フェルト化すると、微妙な表情や味わいが生まれる。全12色、1袋50g入り。

持ち手を取り外せるザブトンバッグ

持ち手を取り外せばザブトンになる丸いバッグ。難所の持ち手は革や布でも代用できます。
お好みの格子、ボタン、持ち手の組み合わせを考えるのも楽しいです。

材料

出来上がりサイズ
直径32㎝　持ち手の長さ32㎝

ハマナカ　フェルト羊毛ソリッドNo.9（黒）… 130g
- 全体の調整用：10g
- 持ち手 2本：15g×2
- バッグ本体
  - [1層目：表用15g、裏用15g
  - 2層目：表用15g、裏用15g
  - 3層目：表用15g、裏用15g]

ハマナカ　フェルト羊毛ソリッドNo.1（白）… 30g
- チェック柄
  - [表用15g、裏用15g]

好みのボタン … 4個

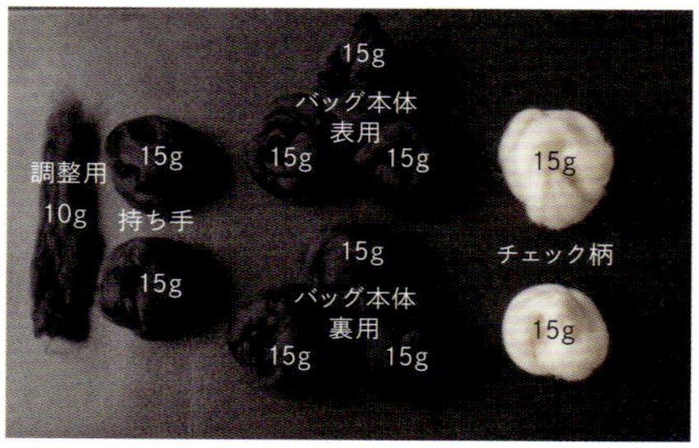

※羊毛のちぎり方はP.28を参照

1

P.34袋状のフェルトの作り方1〜2を参照し、ウレタンシートの型紙の上に表用の羊毛を繊維が縦方向になるように並べていく。3列並べたら1層目ができる。

2

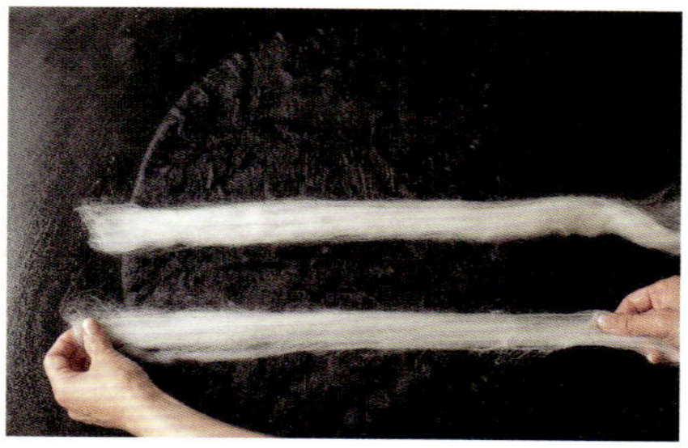

P.34袋状のフェルトの作り方3〜15を参照し、表と裏に羊毛を3層並べてソープ入りのお湯で濡らし、ひっくり返してはみ出た部分を折り返し、厚みを整える。チェック柄の表用の羊毛を長いまま縦6本に裂き、チェックになるように置く。

3

はじめは中心に1本、左右は半径の中心に1本ずつ置くと等間隔に並べることができる。

4

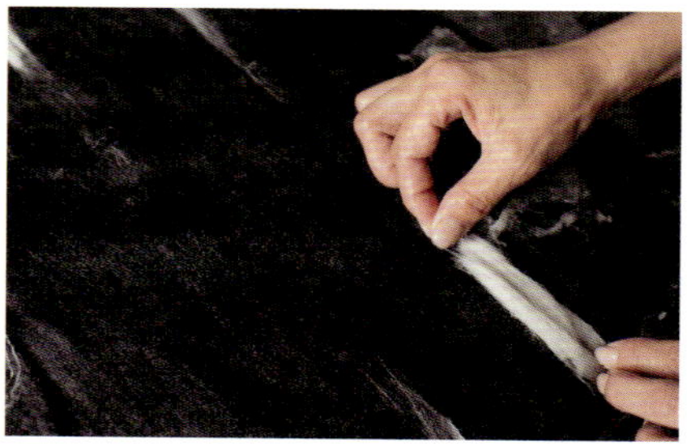

裏返し、はみ出ている部分をまっすぐ折り返す。

作品
P.6-7

型紙
P.80

①

5

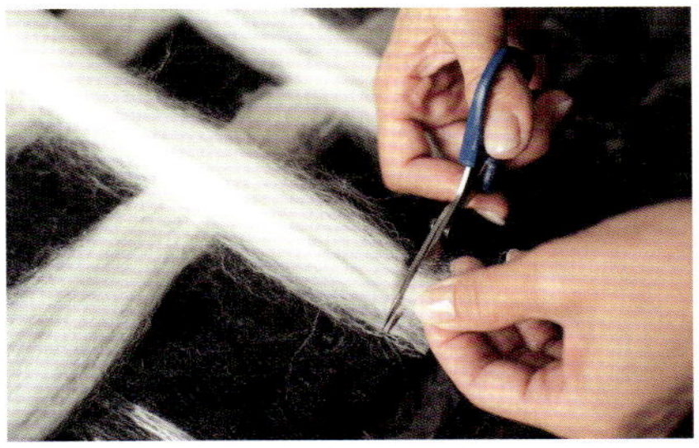

裏も同様に羊毛を6本に裂き、チェックになるように置く。はみ出た部分ははさみでカットする。

6

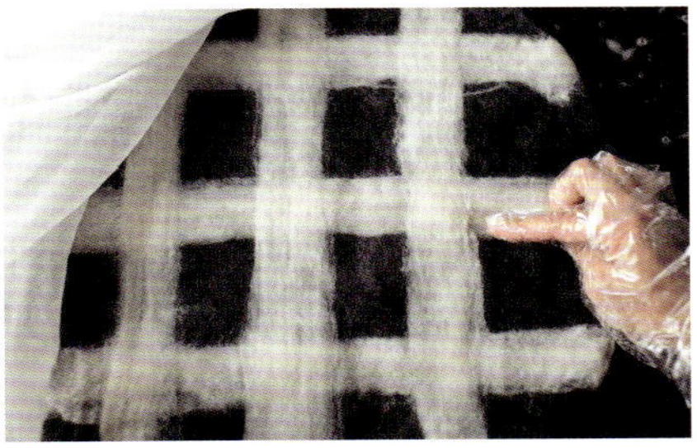

P.34袋状のフェルトの作り方16〜21を参照し、直径約35〜36㎝になるまでまわりからこすってフェルト化させる。※チェックがよれていないか、ときどきネットをめくってチェックする

7

バッグの袋口部分をはさみでカットしたら（a）、P.34袋状のフェルトの作り方25〜27を参照して切り口を処理し、中の型紙を引っぱり出す。

8

P.34袋状のフェルトの作り方28〜29を参照し、裏表をしっかりと力を込めてこすったら、バッグ本体のフェルト化が完成。

9

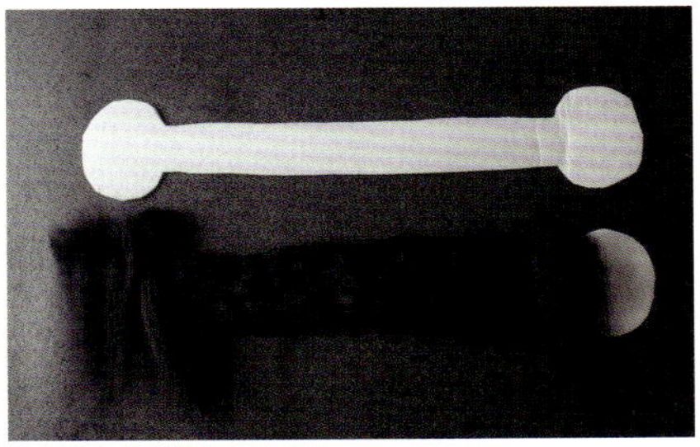

持ち手を作る。持ち手用の羊毛を表裏用に2等分し、それをさらに2〜3等分にちぎったら、持ち手用ウレタンシートの型紙の上に表2〜3層、裏2〜3層重ねて並べる。P.34袋状のフェルトの作り方11〜21を参照し、まわり（側面）と全体をこすってフェルト化させる。※持ち手の直線部分は、羊毛をちぎらずに長いまま置いてもよい

10

裏のボタンホール部分をはさみでカットし（b）、P.34袋状のフェルトの作り方25〜27を参照して切り口を処理し、中の型紙を引っぱり出す。

11

P.34袋状のフェルトの作り方28〜29を参照し、全体をしっかりと力を込めてこすり、ボタンホールをあけて切り口を処理し、本体にボタンを縫い付ける。最後にぬるま湯で洗い、脱水してから乾かして完成。

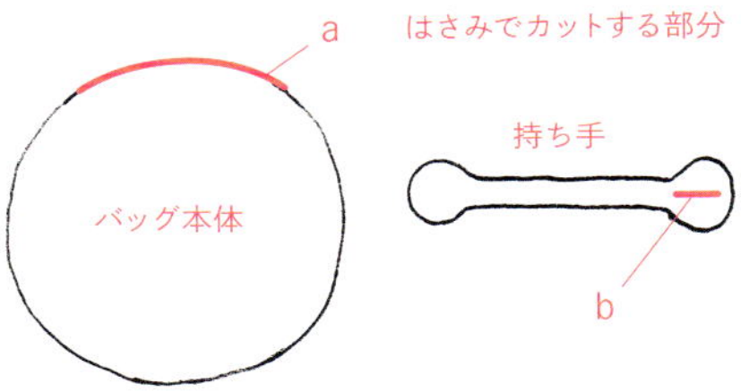

4時間で作る肩かけバッグ

フェルト作りは、大きさとこする時間が比例します。大きいバッグを作りたくなったら、
まずは白一色で作ってみるのがおすすめ。ここではポケット作りにも挑戦します。

材料　出来上がりサイズ
41×37cm（持ち手含まず）

ハマナカ　フェルト羊毛ソリッドNo.1 … 250g
- 調整用：20g
- 持ち手：30g
- ポケット：20g
- バッグ本体
  - 1層目：表用30g、裏用30g
  - 2層目：表用30g、裏用30g
  - 3層目：表用30g、裏用30g

※羊毛のちぎり方はP.28を参照

1

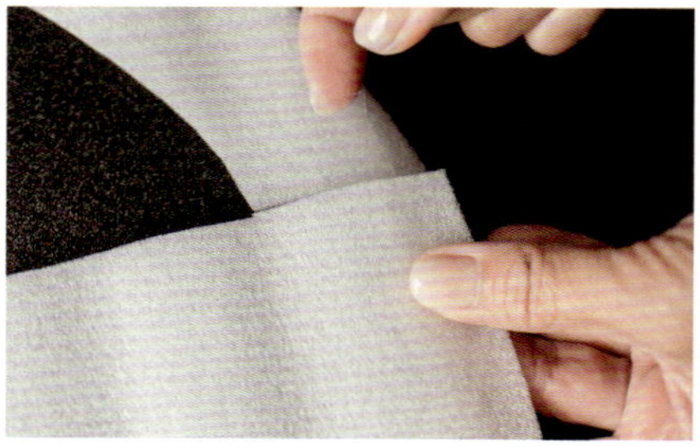

型紙の持ち手の片方を根元でカットし、少し粘着力を弱らせたテープを貼って固定しておく。※カットするのは、フェルト化したあと引っぱり出しやすくするため

2

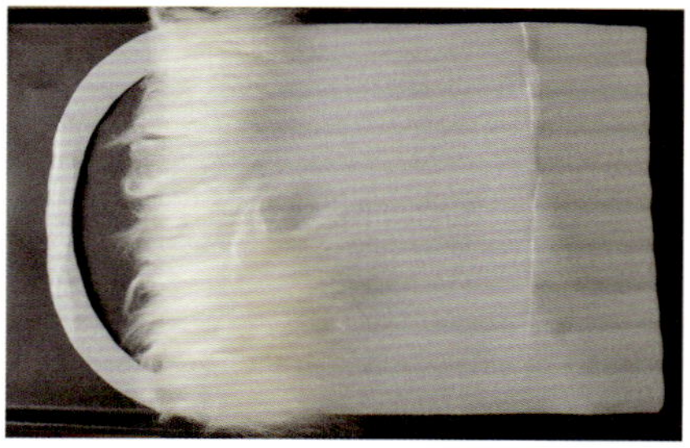

ウレタンシートの型紙の上に、本体と持ち手の表用の羊毛を繊維の方向を揃えて並べる。本体は5列並べたら1層目ができる。※持ち手用の羊毛は表裏用に2等分し、それをさらに3等分して各層に使用する

3

2層目は羊毛の繊維を横方向に、3層目は再び縦方向に並べる。

4

P.34袋状のフェルトの作り方3〜11を参照し、裏にも羊毛を3層重ね、ネットを被せて全体をソープ入りのお湯で濡らしたら、ネットを外し、ポケットの型紙を置く。

作品
P.8

型紙
P.81

2

5

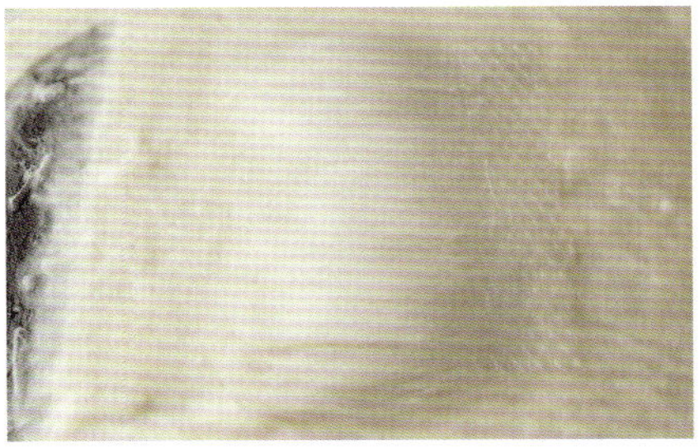

ポケットの羊毛を2等分し、ポケットの型紙全体が隠れるようにちぎって並べる。※ポケットは2層で作る

6

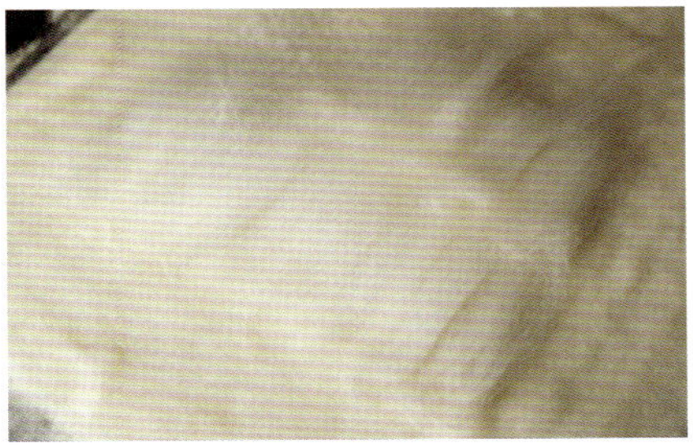

ポケットの1層目は繊維の方向を縦、2層目は横に揃えて並べる。ネットを被せ、ソープ入りのお湯をかけてポケット部分を濡らす。

7

P.34袋状のフェルトの作り方12〜15を参照し、ひっくり返し、はみ出ている部分を折り返し、厚みを整える。※ビニールを被せてもひっくり返すのが大変な場合は、端を慎重にめくり、はみ出た部分を裏に折り返す

8

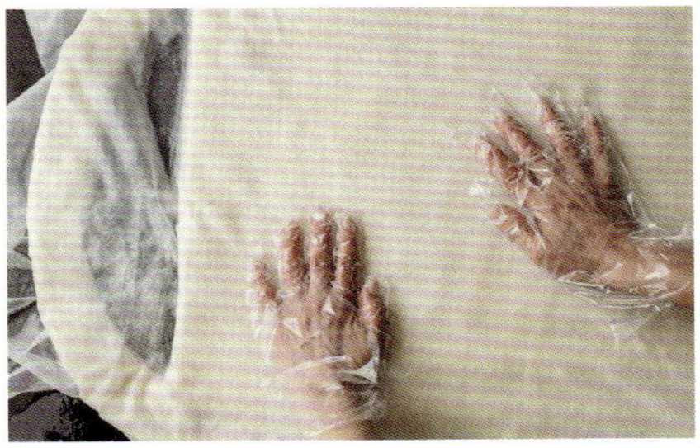

P.34袋状のフェルトの作り方16〜21を参照し、まわり（側面）と全体をこすってフェルト化させる。

9

大きい作品はフェルト化に時間がかかるので、仕上げは力を込めて両手でこすり合わせ、さらに縮める。

10

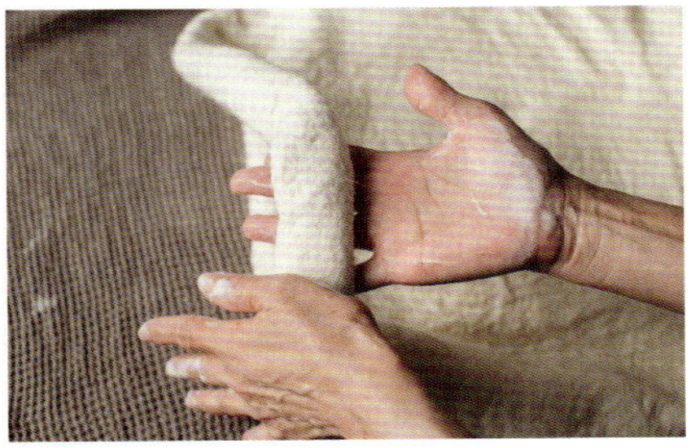

持ち手も両手でこすり合わせて、しっかりとフェルト化させる。

11

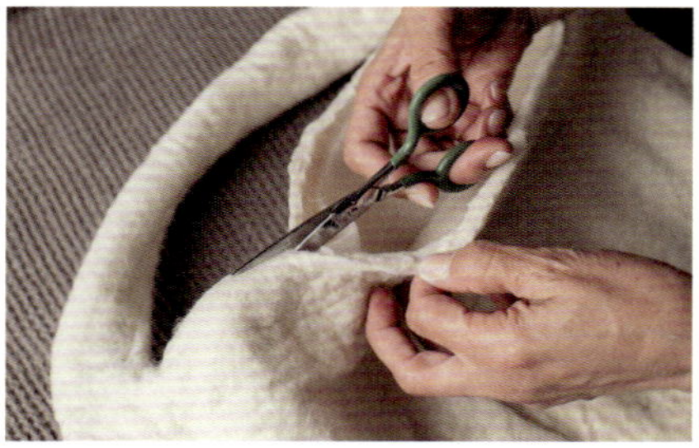

袋の口をはさみでカットする（a）。

12

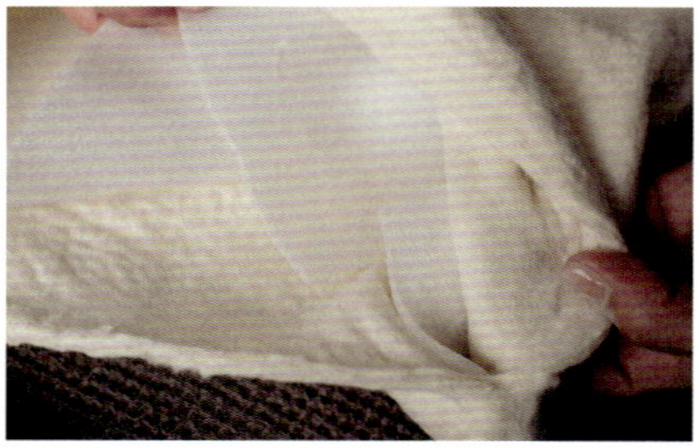

1でカットした型紙のテープを外す。

13

持ち手の型紙を慎重に引っぱり出す。

14

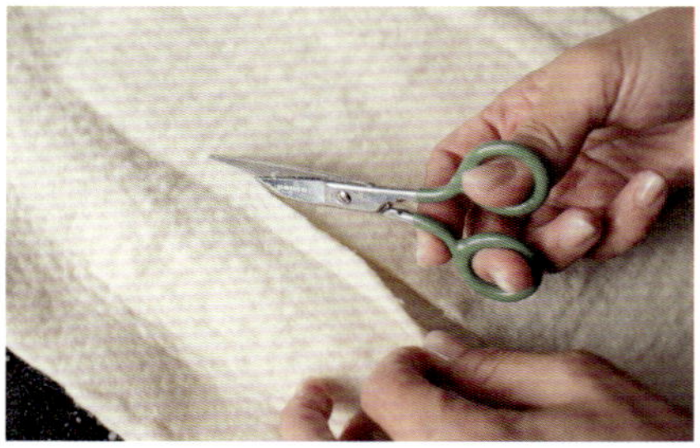

ポケットの口を慎重にカットし、型紙を取り出す（b）。

15

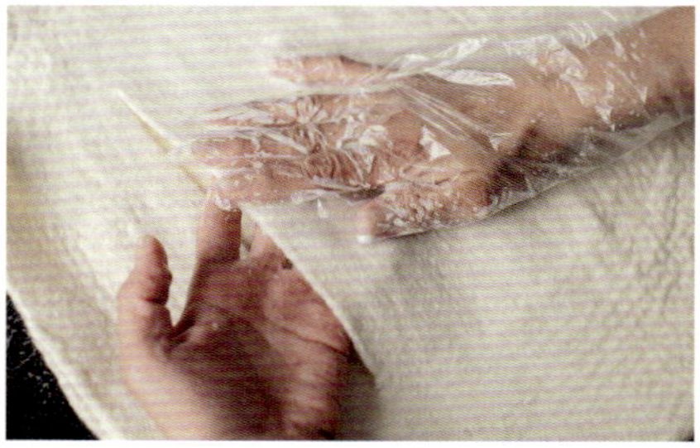

ポリエチレン手袋を装着した手に、フェルト用ソープの原液を数滴たらし、切り口部分をやさしくこすって断面をフェルト化させる。

16

最後にもう一度全体をしっかりと力を込めてこすったら、最後にぬるま湯で洗い、脱水してから乾かして完成。

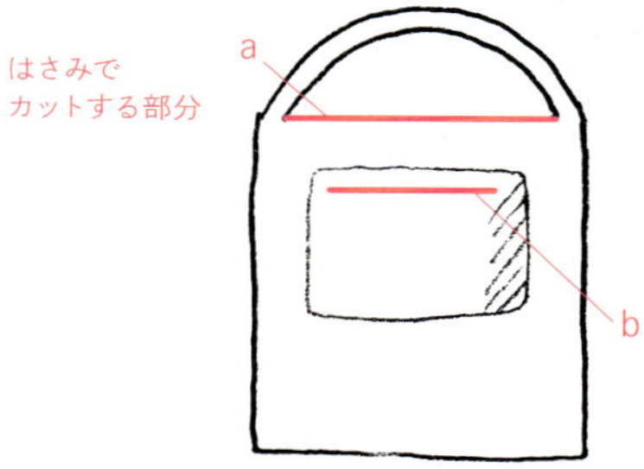

まるい持ち手のバッグ

フェルトのバッグといえば、ころんとまるい持ち手が定番。
ここでは少しフェルト化した土台を芯にして、新たに羊毛を巻きつけて持ち手を作っていきます。

材料

出来上がりサイズ
18.5×13.5cm　持ち手の長さ40cm

ハマナカ　フェルト羊毛ソリッドNo.62 … 60g
- 全体の調整用：2g
- 持ち手 2本：5g
- 持ち手に巻く用：5g
- 本体
  - 1層目：表用8g、裏用8g
  - 2層目：表用8g、裏用8g
  - 3層目：表用8g、裏用8g

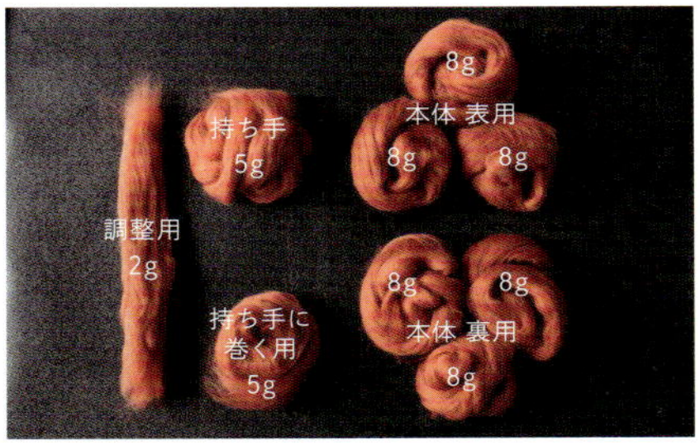

※羊毛のちぎり方はP.28を参照

1

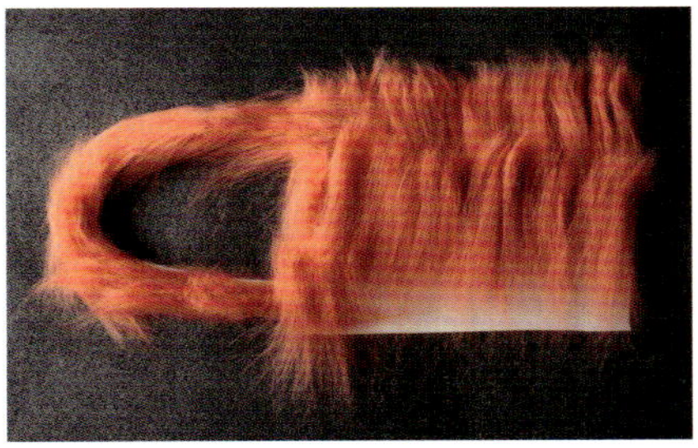

P.34袋状のフェルトの作り方1〜2を参照し、ウレタンシートの型紙の上に、表用の羊毛を3層重ねて並べる。

2

P.34袋状のフェルトの作り方3〜15を参照し、裏にも羊毛を3層並べてソープ入りのお湯で濡らし、ひっくり返してはみ出た部分を折り返し、厚みを整える。

3

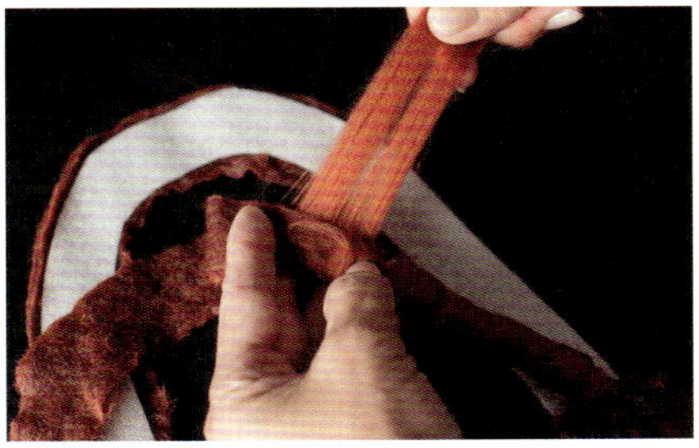

持ち手のわをはさみでカットして、持ち手を2本に分ける（a）。持ち手に巻く用の羊毛は2等分にちぎり、持ち手それぞれに包帯を巻くように均等に巻き付けていく。

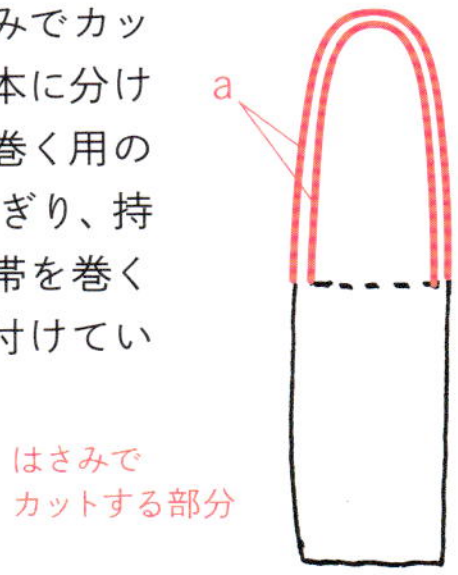

4

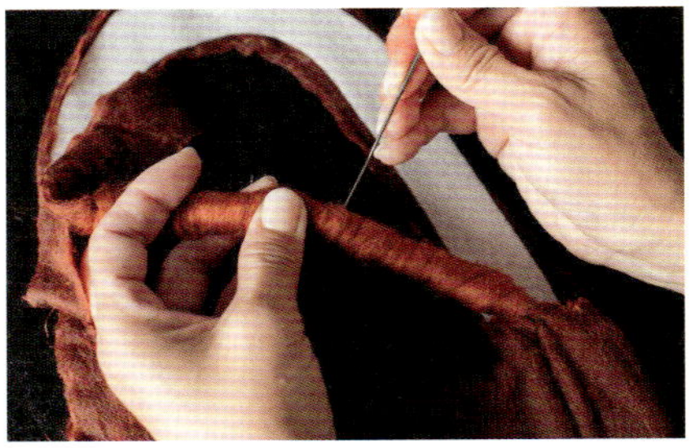

持ち手に巻きつけた羊毛がほつれないようにフェルティングニードルで軽く刺しておく。

作品
P.9
型紙
P.82
3

5

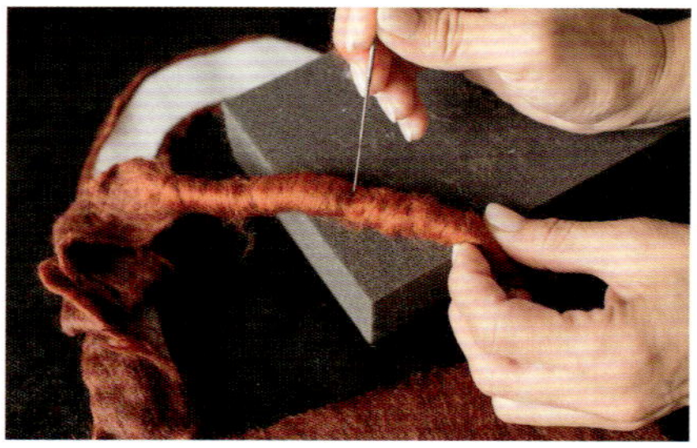

フェルティングマットの上に持ち手を置き、フェルティングニードルで刺し、巻いた羊毛をかるくフェルト化させる。

6

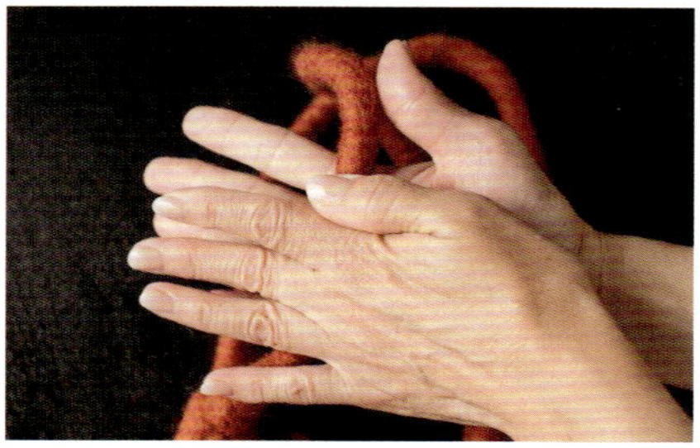

P.34袋状のフェルトの作り方16〜21を参照し、まわり（側面）と全体をこすってフェルト化させる。袋口をカットし（b）、ポリエチレン手袋を装着した手に、フェルト用ソープの原液を数滴たらし、切り口部分をやさしくこすって断面をフェルト化させる。持ち手は両手でこすり合わせるようにしてフェルト化させる。

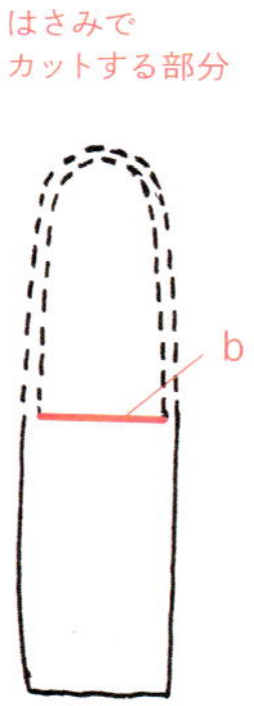

7

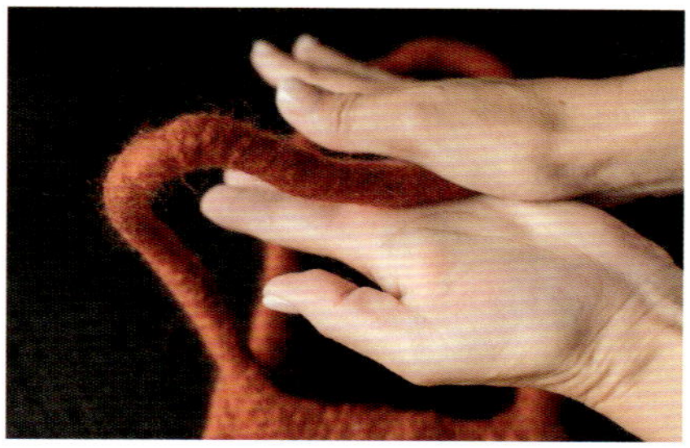

手のひらを使って、しっかりとこすり合わせる。袋の中に手を入れて、内側もしっかりとこする。

8

持ち手の付け根と袋口は、特にしっかりとフェルト化させる。

9

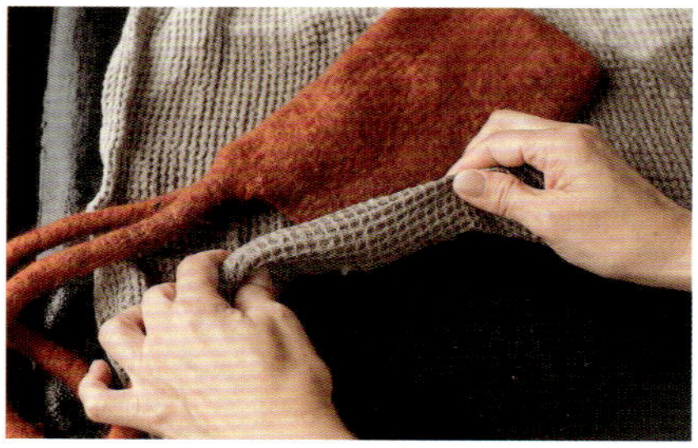

口の両端は、ななめに巻き、広がりすぎを防止。

10

底を折ったり、角度を変えたり、さまざまな方向から巻いて転がす。

11

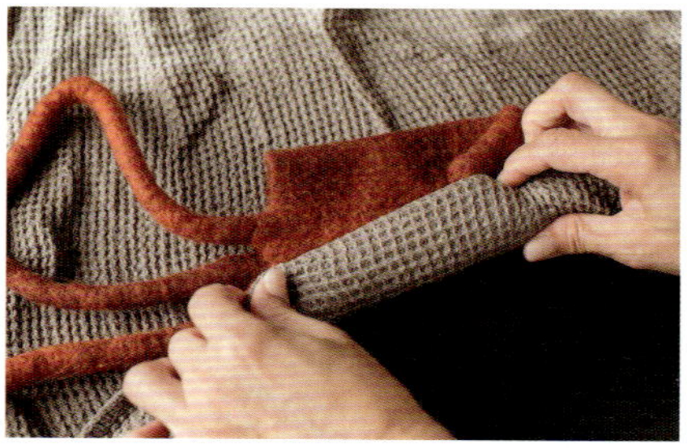

内側もしっかりとこする。しわを伸ばしながら、少し丸みのある形に整える。最後にぬるま湯で洗い、脱水してから乾かして完成。

よこ長のグロサリートート

平面で作るバッグの中で一番簡単な作り方。
型紙全体を羊毛で包み込んでフェルト化したら、持ち手のわの部分をぐるっと一周カットします。

材料

出来上がりサイズ
まちなし22.5×45㎝（持ち手含まず）／まちあり20×40×まち幅4～5㎝

まちあり

ハマナカ　フェルト羊毛ナチュラルブレンド
No.815 … 190g

［調整用：10g
1層目：表用30g、裏用30g
2層目：表用30g、裏用30g
3層目：表用30g、裏用30g］

まちなし

ハマナカ　フェルト羊毛ソリッドNo.8 … 190g

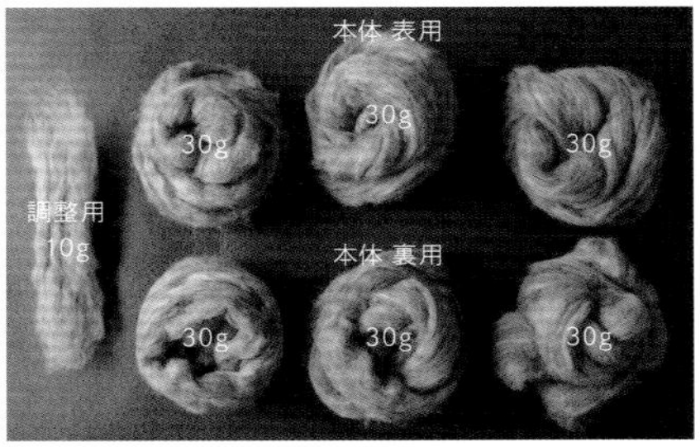

※羊毛のちぎり方はP.28を参照

1

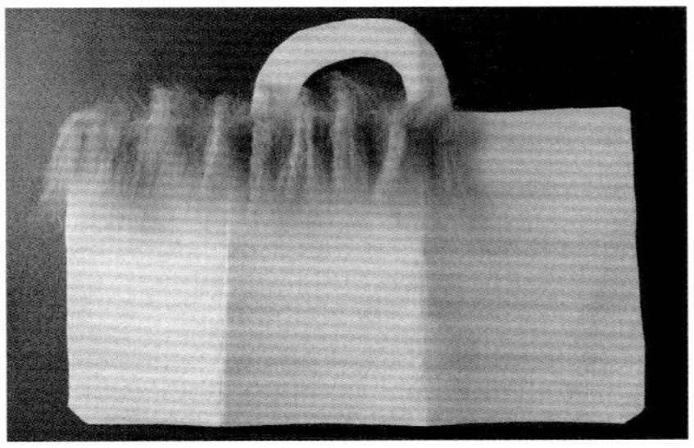

ウレタンシートの型紙の上に、表用の羊毛を繊維が縦方向になるように並べていく。3～4列並べたら1層目ができる。※型紙からはみ出しすぎないようにする

2

2層目は羊毛の繊維を横方向に、3層目は再び縦方向に並べる。

3

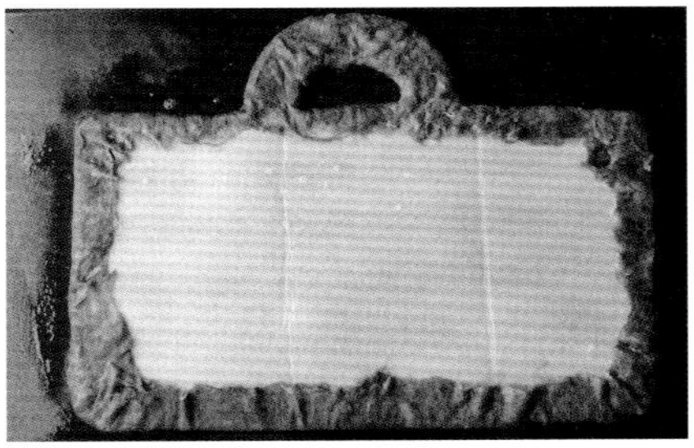

P.34袋状のフェルトの作り方3～9を参照し、裏にも羊毛を3層並べてソープ入りのお湯で濡らし、ひっくり返してはみ出た部分を折り返し、厚みを整える。

4

P.34袋状のフェルトの作り方10～21を参照し、まわり（側面）と全体こすってフェルト化させる。

作品
P.10-11

型紙
P.83

4

5

袋の口をはさみでカットする（a）。※持ち手まで切らないように注意する

6

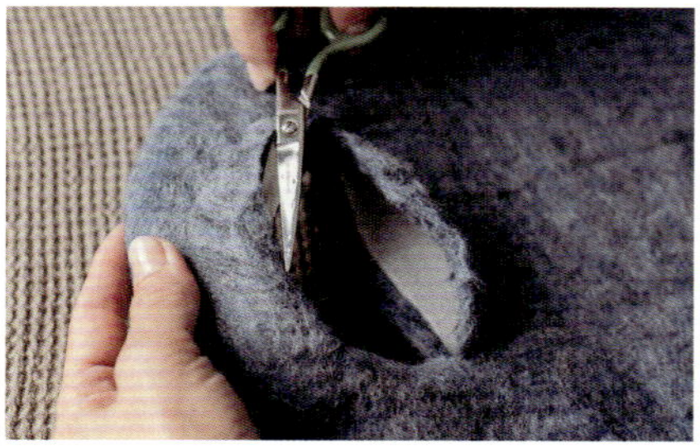

次に、持ち手の内側をはさみでカットする（b）。

7

わになっている部分の真ん中をカットするように気をつける。

8

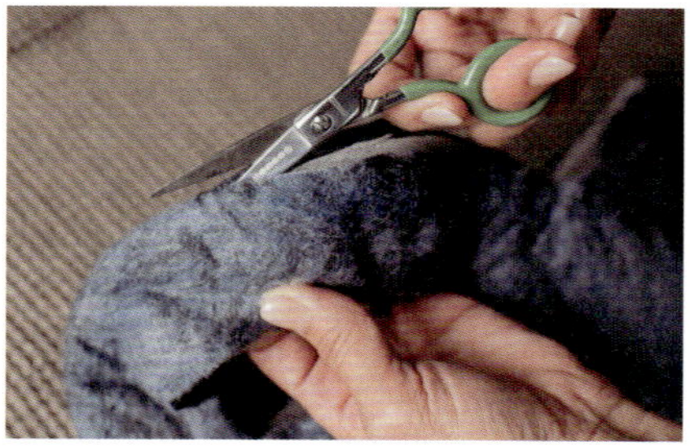

次に、持ち手の外側をはさみでカットする（c）。

9

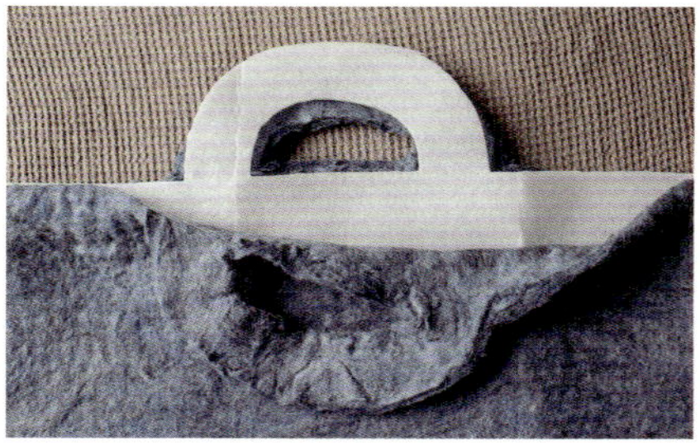

型紙を引っぱり出す。

10

切り口をはさみでカットして整える。 切り口の断面は、P.34袋状のフェルトの作り方25〜26を参照してフェルト化させる。

11

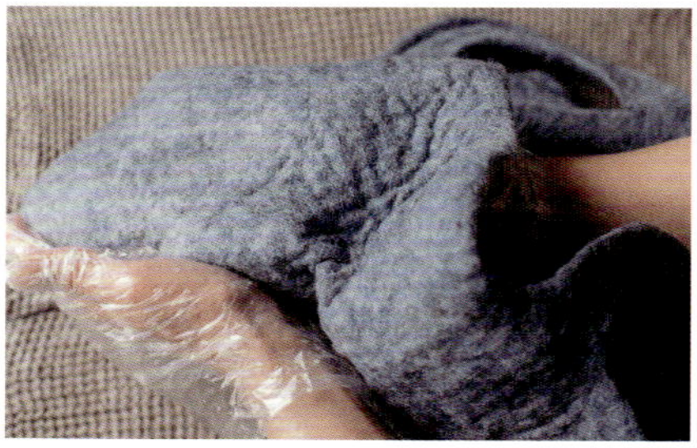

まちありの場合は、内側に手を入れて全体をこすりながら、まちを作って立体になるように形を整える。※まちなしの場合は、内側と外側を手でこすって平らに仕上げる

12

タオルで巻いて転がすときも、まちをたたんだ状態で巻き、いろいろな方向から転がす。

13

持ち手は、両手でこすり合わせるようにフェルト化させて仕上げる。

14

仕上げは力を込めて両手でこすり合わせ、出来上がりサイズになるまで縮める。

15

ビニール袋などに入れた本や箱を中に入れて、まちを立てる。

16

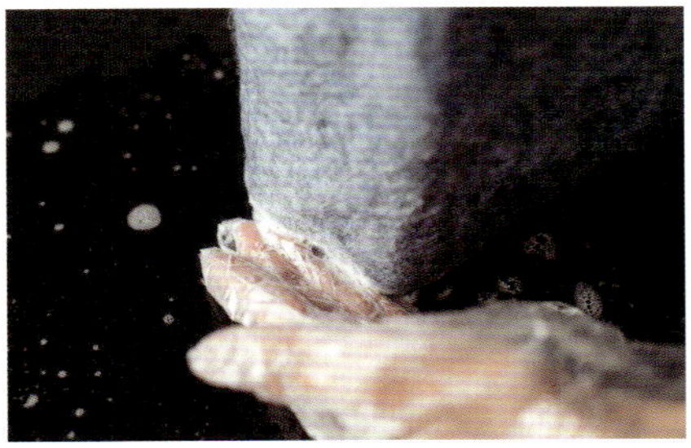

ポリエチレン手袋を装着した手に、フェルト用ソープの原液を数滴たらし、まち部分をしっかりこする。

17

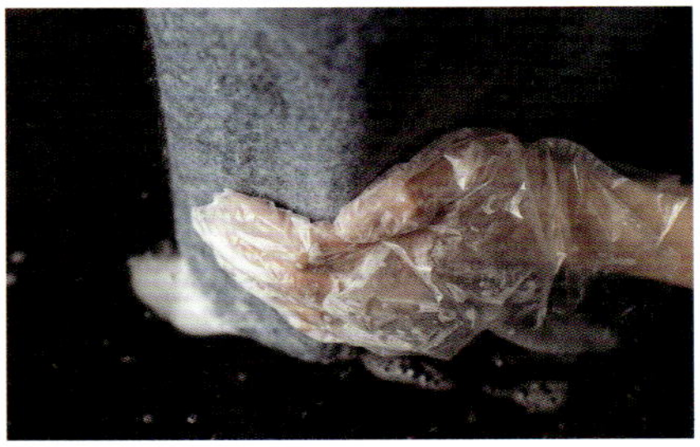

側面も忘れずこすり、形が定着すればOK。最後にぬるま湯で洗い、脱水したら本や箱を入れた状態で乾かして完成。※内側に本を入れて乾かすと形が崩れにくくなる

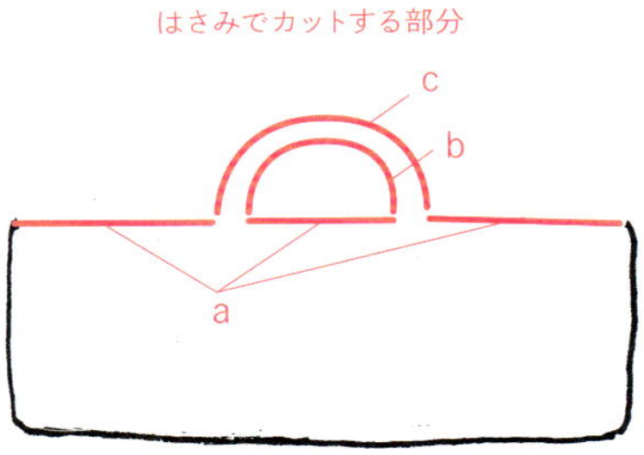

りんごの小物入れ

輪郭をまるくするためには、本体を回転させて、タオルで巻く部分を少しずつ変えて転がします。
巻きはじめに一番力がかかり、よく縮みます。この方法で、まるいフォルムの形を作ることができます。

材料　出来上がりサイズ 11×13㎝

ハマナカ　フェルト羊毛ソリッドNo.45 … 32g

- 調整用：2g
- 1層目：表用5g、裏用5g
- 2層目：表用5g、裏用5g
- 3層目：表用5g、裏用5g

カラビナ … 1個

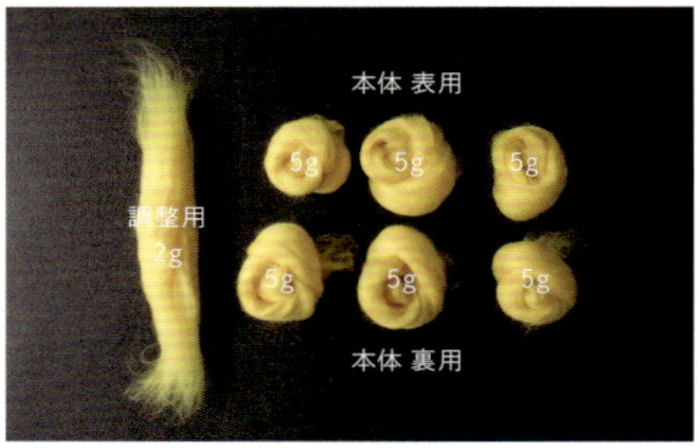

※羊毛のちぎり方はP.28を参照

1

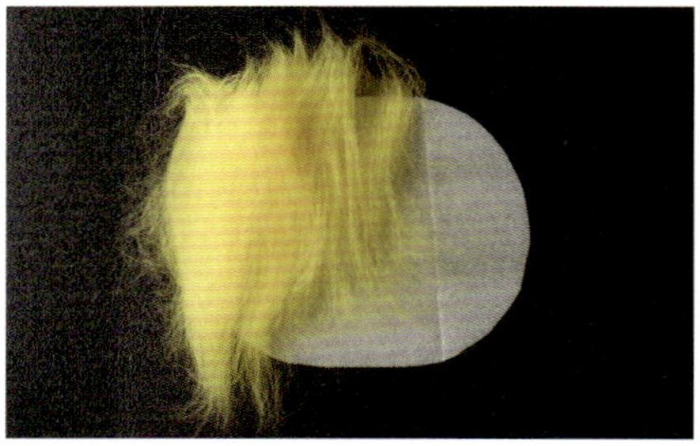

ウレタンシートの型紙の上に、表用の羊毛を繊維が縦方向になるように並べていく。1〜2列並べたら1層目ができる。※型紙からはみ出しすぎないようにする

2

2層目は羊毛の繊維を横方向に、3層目は再び縦方向に並べる。

3

羊毛がずれないように気をつけながら、下にある型紙を引き抜く。P.34袋状のフェルトの作り方4〜9を参照し、ソープ入りのお湯で濡らし、ひっくり返してはみ出た部分を折り返し、厚みを整える。

4

P.34袋状のフェルトの作り方10〜21を参照し、裏にも羊毛を3層並べてソープ入りのお湯で濡らし、ひっくり返してはみ出た部分を折り返し、厚みを整える。まわり（側面）と全体をこすってフェルト化させたら、袋口をはさみでカットする（a）。

作品 P.12
型紙 P.84
5

5

ポリエチレン手袋を装着した手に、フェルト用ソープの原液を数滴たらし、切り口の断面をやさしくこする。切り口が広がらないようにフェルトが強化したら、中の型紙を引っぱり出す。

6

上部にカラビナを通すための切り込みを2ヶ所入れる（b）。

7

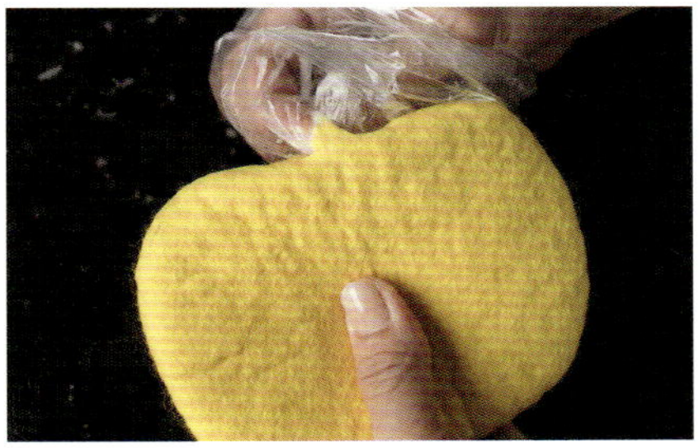

５と同様に、切り口が広がらないようにフェルトを強化させ、切り込みを入れてループになった部分をつまむように引っぱりながらこする。

8

内側もしっかりとこする。全体のしわを伸ばすようにこすりながら、ころんとした丸みのあるりんごの形に整える。最後にぬるま湯で洗い、脱水してから乾かして完成。

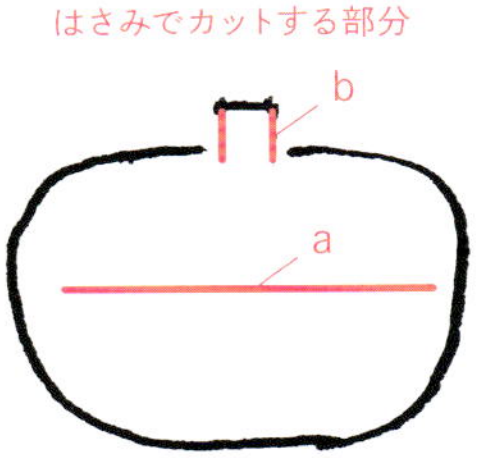

同じ型で作る2種のポーチ

ここでは鍋つかみにもなる「さんかく」のポーチと、蓋がある「しかく」のポーチを作りました。
切り方を変えれば、同じ型で違う形のポーチができます。

材料

出来上がりサイズ
さんかく13×13cm／しかく14.5×14.5cm（共に広げた状態）

さんかく
ハマナカ　フェルト羊毛ナチュラルブレンド
No.816 … 20g

しかく
ハマナカ　フェルト羊毛ナチュラルブレンド
No.814 … 20g

［調整用：2g
1層目：表用3g、裏用3g
2層目：表用3g、裏用3g
3層目：表用3g、裏用3g］

好みのスナップボタン … 1セット

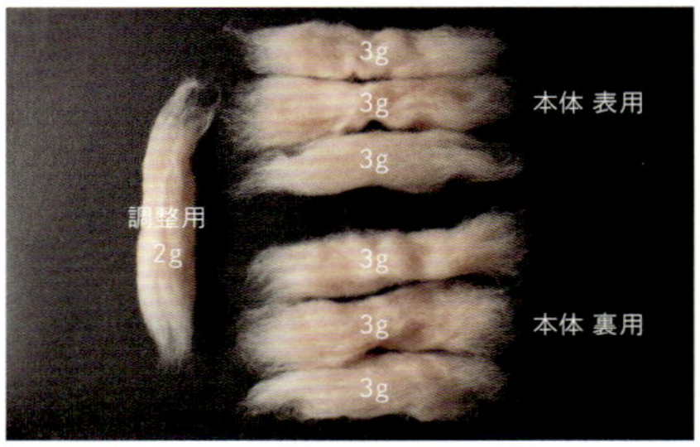

※羊毛のちぎり方はP.28を参照

1

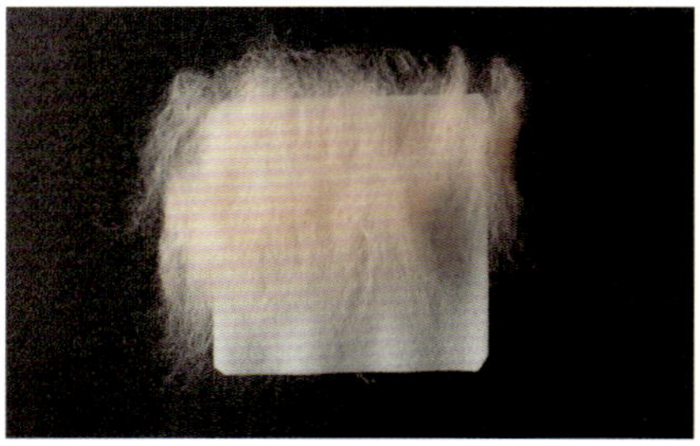

ウレタンシートの型紙の上に、表用の羊毛を繊維が縦方向になるように並べていく。3列並べたら1層目ができる。2層目は羊毛の繊維を横方向に、3層目は再び縦方向に並べる。
※型紙からはみ出しすぎないようにする

2

羊毛がずれないように気をつけながら、下にある型紙を引き抜く。P.34袋状のフェルトの作り方4～9を参照し、ソープ入りのお湯で濡らし、ひっくり返してはみ出た部分を折り返し、厚みを整える。

3

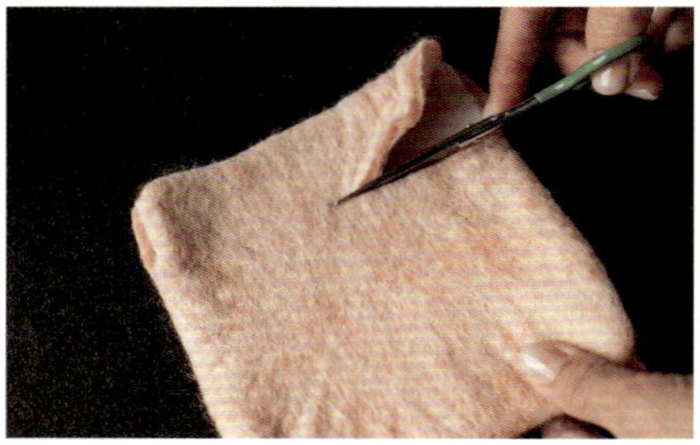

P.34袋状のフェルトの作り方10～21を参照し、裏にも羊毛を3層並べてソープ入りのお湯で濡らし、ひっくり返してはみ出た部分を折り返し、厚みを整える。まわり（側面）と全体をこすってフェルト化させたら、しかくは袋口をコの字形にはさみでカットする（a）。

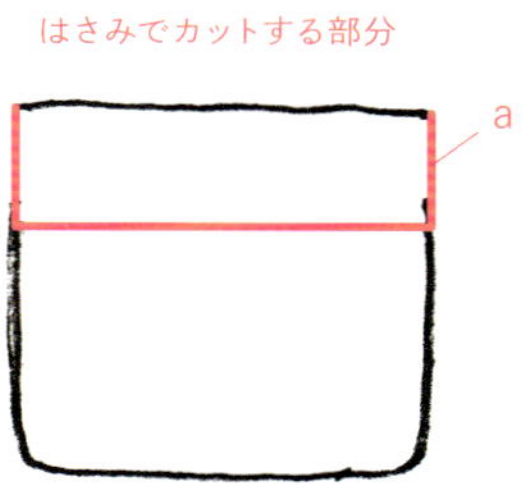

作品
P.13

型紙
P.85

6

4

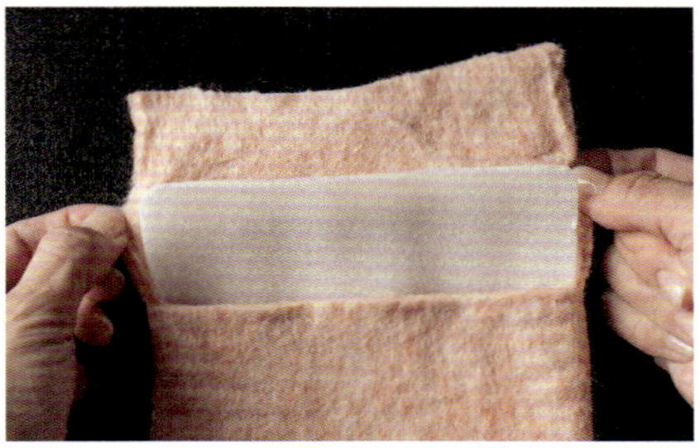

ポリエチレン手袋を装着した手に、フェルト用ソープの原液を数滴たらし、切り口の断面をやさしくこすってなじませる。切り口が広がらないようにフェルト化させたら、中の型紙を引っぱり出す。

5

蓋を折ったときにできる両脇の膨らみをはさみでカットし、全体を手でこすりながら形を整える。

6

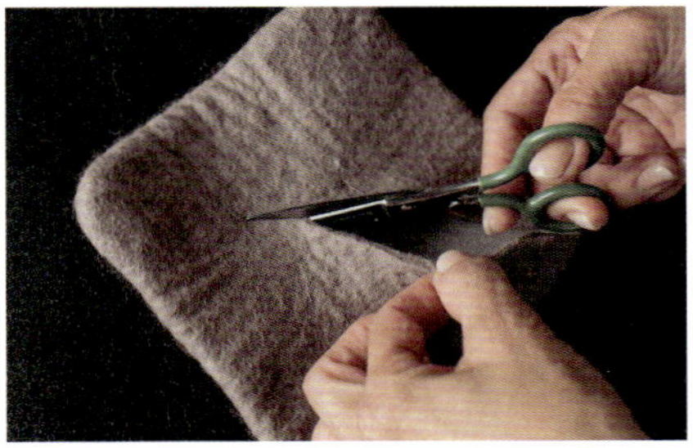

さんかくの袋口は、2つの角から対角線状にはさみでカットする（b）。

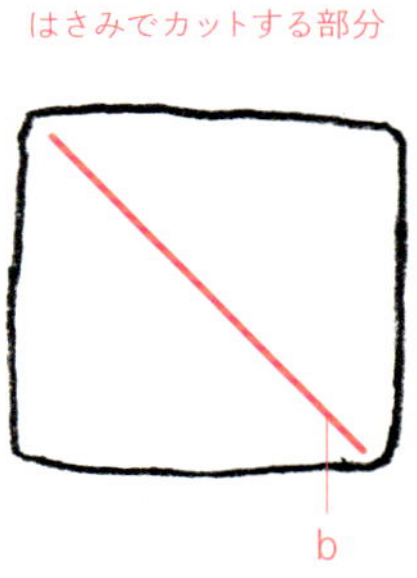

7

４と同様に切り口の断面を処理し、中の型紙を引っぱり出す。

8

手でこすりながら、袋口や角の部分を少し広げるように形を整えると半分に折りたたみやすい。

9

内側もしっかりとこすり、全体のしわを伸ばすようにこすりながら形を整える。ぬるま湯で洗い、脱水して乾かしてからスナップボタンなど好みのパーツを縫い付ける。

めがねケース

P.16-17のスマホケースに似ていますが、ここではしましまとみずたまの模様を付けました。
羊毛の水フェルトは、縮むにつれ繊維が絡み合い、隣り合う色が縦横無尽に混ざり合うのが特徴です。

材料　出来上がりサイズ 20×11㎝

みずたま

ハマナカ　フェルト羊毛ナチュラルブレンド No.824（淡青緑）… 約50g

•本体
- 調整用：1〜2g
- 1層目：表用8g、裏用8g
- 2層目：表用8g、裏用8g
- 3層目：表用8g、裏用8g

ハマナカ　フェルト羊毛ミックスNo.206（茶）… 5g

•模様：5g

しましま

ハマナカ　フェルト羊毛ソリッドNo.4（青）… 約50g

•本体
- 調整用：1〜2g
- 1層目：表用8g、裏用8g
- 2層目：表用8g、裏用8g
- 3層目：表用8g、裏用8g

ハマナカ　フェルト羊毛ミックス No.201（スモーキーイエロー）… 5g

•模様：5g

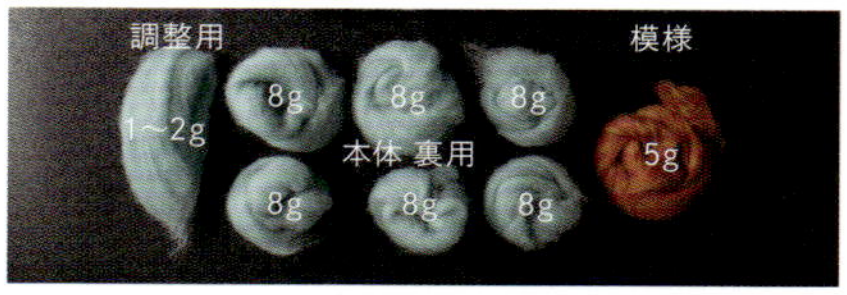

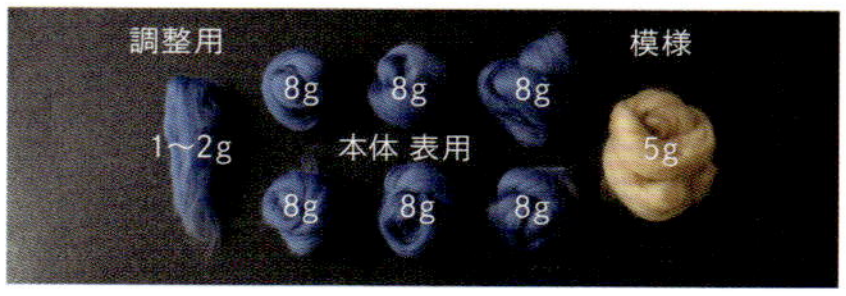

※羊毛のちぎり方はP.28を参照

1

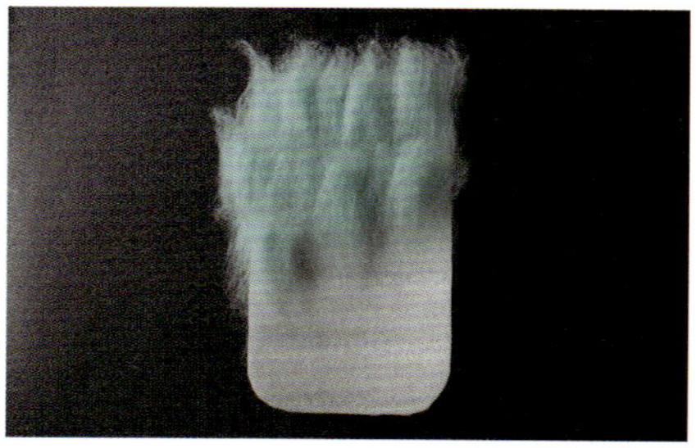

P.34袋状のフェルトの作り方1〜15を参照し、ウレタンシートの型紙を羊毛で包み、濡らして整える。

2

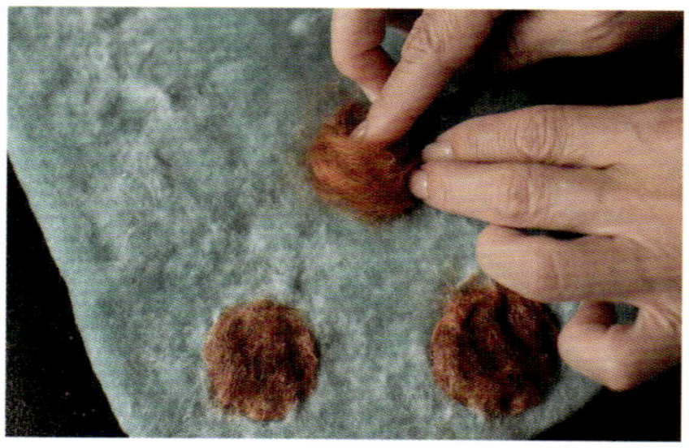

表に模様用の羊毛を少量ちぎって丸め、ランダムに置く。※ソープ入りのお湯で濡らして形を整える

3

模様の輪郭を際立たせたいときは、フェルティングニードルで刺して固めておく。

4

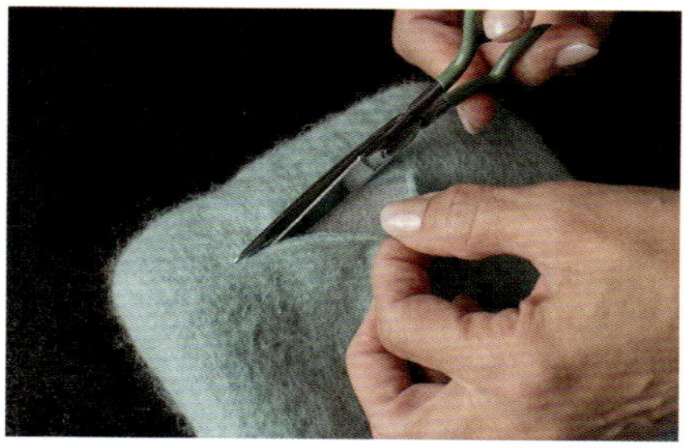

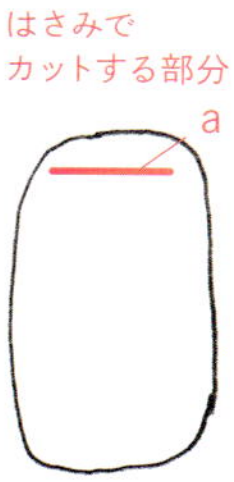

P.34袋状のフェルトの作り方16〜21を参照し、まわり（側面）と全体をこすってフェルト化させる。袋口をはさみでカットし（a）、ポリエチレン手袋を装着した手に、フェルト用ソープの原液を数滴たらし、切り口の断面をやさしくこする。切り口が広がらないようにフェルト化させたら、中の型紙を引っぱり出し、内側もしっかりとこする。全体のしわを伸ばすようにこすりながら形を整える。最後にぬるま湯で洗い、脱水してから乾かして完成。

作品 P.14
型紙 P.86
6

2TONEのタブレットケース

2色の境界線をにじみ絵のように美しく仕上げるためには、特に混ざり合う部分を注意して並べます。
一番上にくる層の、2色目の羊毛を、まっすぐちぎって素直に一列に並べることが大切です。

材料　出来上がりサイズ
29×24㎝（12.9インチのタブレット）

ハマナカ　フェルト羊毛ナチュラルブレンド
No.823（ラベンダー）… 38g

- 調整用：2g
- 1層目：表用6g、裏用6g
- 2層目：表用6g、裏用6g
- 3層目：表用6g、裏用6g

ハマナカ　フェルト羊毛ソリッドNo.21（黄）… 31g

- 調整用：1g
- 1層目：表用5g、裏用5g
- 2層目：表用5g、裏用5g
- 3層目：表用5g、裏用5g

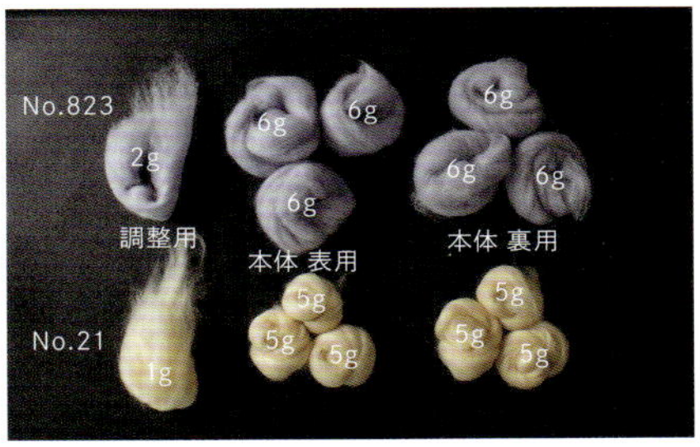

※羊毛のちぎり方はP.28を参照

1

P.34の1〜2を参照し、ウレタンシートの型紙に表用の羊毛を3層重ねる。紫は4〜5列、黄色は2列に並べる。

2

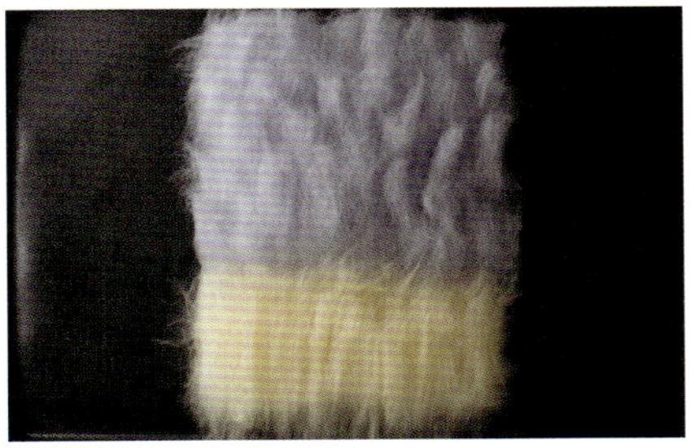

P.34袋状のフェルトの作り方3〜21を参照し、裏にも羊毛を3層並べてソープ入りのお湯で濡らし、ひっくり返してはみ出た部分を折り返し、厚みを整える。まわり（側面）と全体をこすってフェルト化させる。※ポケットを付ける場合は、フェルト化させる前にP.44の4時間で作る肩かけバッグ4〜6と同様にして作る

3

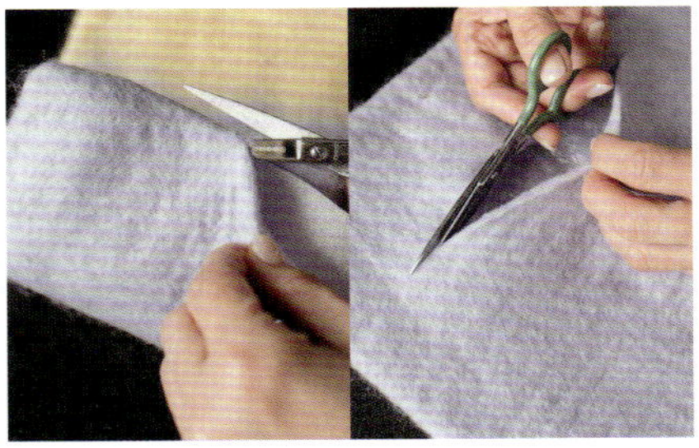

袋口をはさみでカットし（a）、ポリエチレン手袋を装着した手にフェルト用ソープの原液を数滴たらし、切り口の断面をやさしくこする。切り口が広がらないようにフェルト化させたら、中の型紙を引っぱり出す。※ポケットを付けた場合も同様にカットして（b）、切り口を処理する

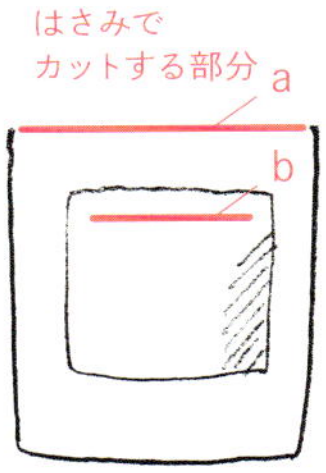

4

内側もしっかりとこすり、全体のしわを伸ばすようにこすりながら、形を整える。最後にぬるま湯で洗い、脱水してから乾かして完成。

作品
P.15

型紙
P.87

8

どうぶつスマホケース

形や模様を好きなようにアレンジできるのが水フェルトの得意技。シンプルな型紙から、
お好みの動物が作れます。スマホがぴったり入るサイズに仕上げれば、蓋なしでも抜けません。

キツネ

フェルト作りのいろんな技術を詰め込んだキツネのスマホケース。
袋状の体、丸めた鼻、水フェルトで作るシートから切り抜いたしっぽと両耳、
全てのパーツを合体させて仕上げます。

材料

出来上がりサイズ
10×23cm（しっぽ含まず）

ハマナカ　フェルト羊毛ミックスNo.206（茶）… 42g
- 本体
  - 調整用：2g
  - 1層目：表用5g、裏用5g
  - 2層目：表用5g、裏用5g
  - 3層目：表用5g、裏用5g
- 耳としっぽ：10g

ハマナカ　フェルト羊毛ナチュラルブレンド
No.802（ベージュ）… 約6g
- お腹：2g
- 顔：表用1g、裏用1g
- 白目：適量
- 耳としっぽ：2g

ハマナカ　フェルト羊毛ソリッドNo.9（黒）… 約4g
- 黒目：適量
- 鼻：2g
- 耳としっぽ：2g

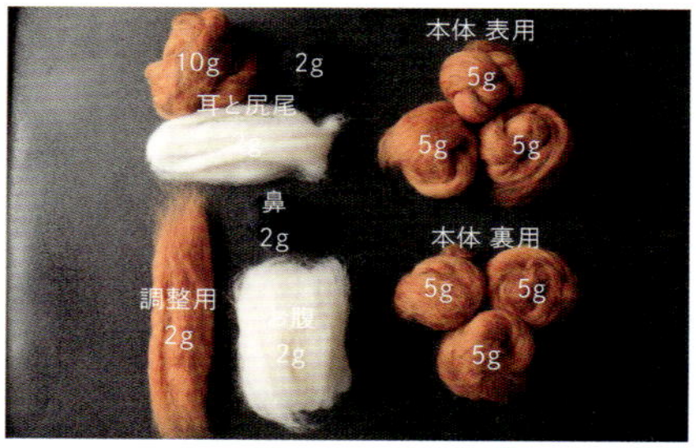

※羊毛のちぎり方はP.28を参照

本体を作る

1

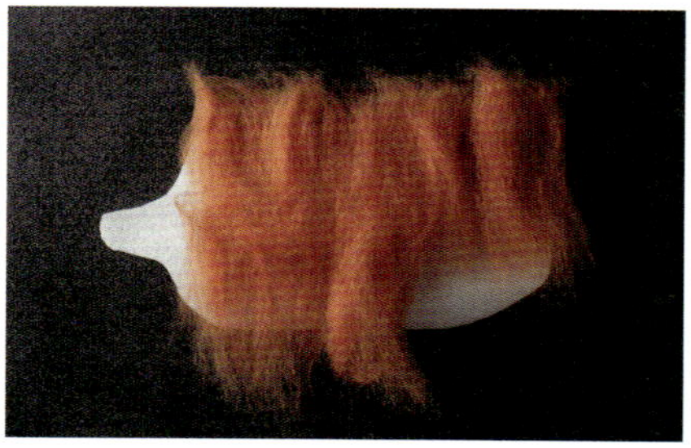

ウレタンシートの型紙の上に、本体表用の羊毛を繊維が縦方向になるように並べていく。顔の羊毛は3等分し、1/3をちぎって並べる。
※型紙からはみ出しすぎないようにする

2

2層目は羊毛の繊維を横方向に、3層目は再び縦方向に並べる。

作品
P.16-17
型紙
P.88-89
9

3

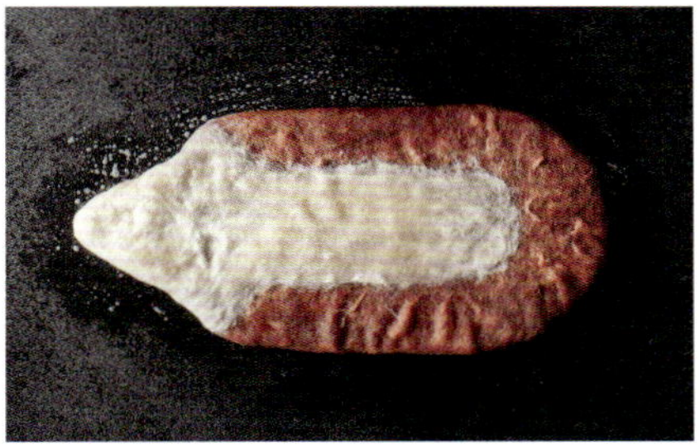

P.34袋状のフェルトの作り方3〜15参照して裏面も作ったら、お腹の羊毛を濡らしながら貼り付けるように置き、形や厚みを整える。

4

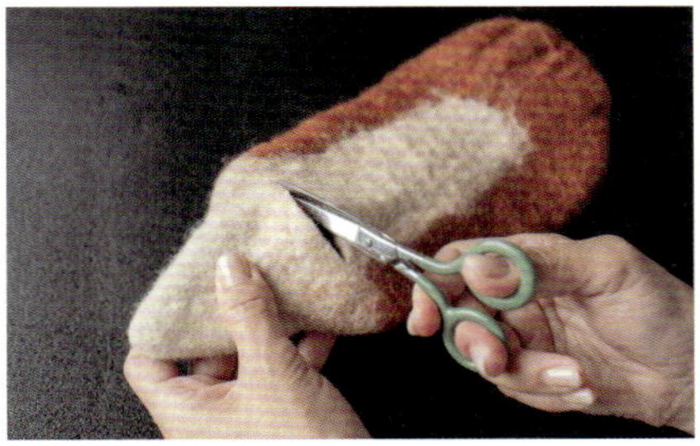

P.34袋状のフェルトの作り方16〜21を参照し、まわり（側面）と全体をこすってフェルト化させる。お腹側に袋口をはさみでカットしたら（a）、P.34袋状のフェルトの作り方25〜29を参照し、形を整える。

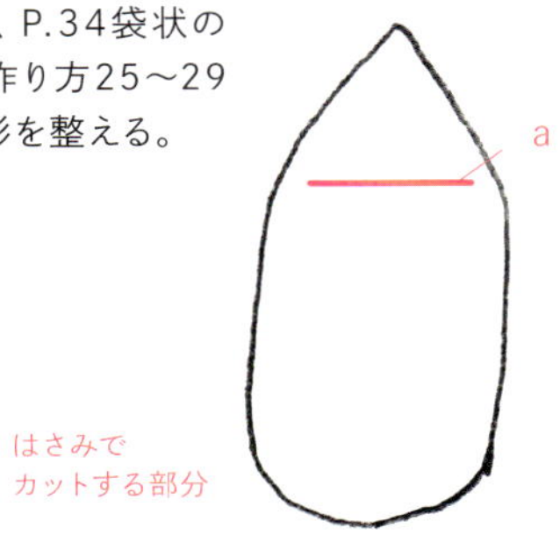

耳としっぽを作る

5

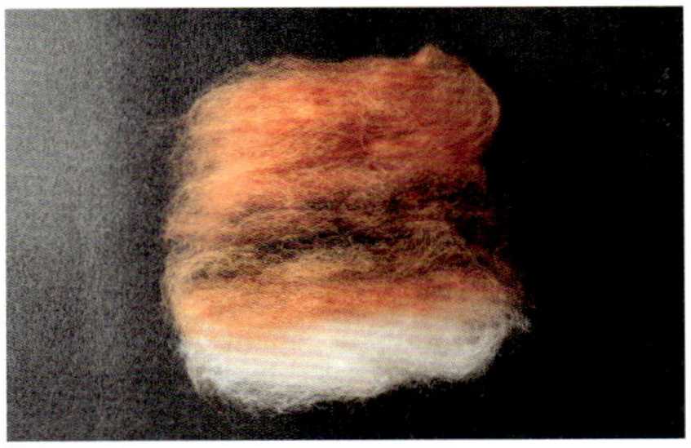

P.28平面のフェルトの作り方とP.61の耳としっぽ用の型紙を参照し、フェルトを作る。

6

5のフェルトから耳としっぽのパーツを切り取る。

鼻を作る

7

鼻用の羊毛をつまんで、細く薄く引き伸ばす。

8

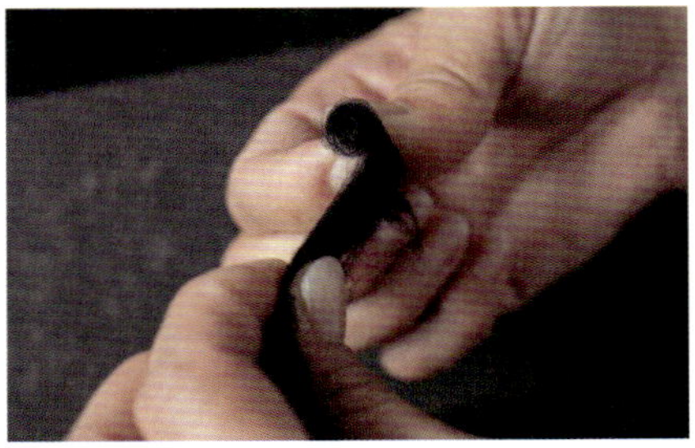

羊毛を少しずつ巻く。巻き終わりが緩まないようにしっかり指で押さえながら巻いていく。
※手で固く巻くのが難しい場合は、時々フェルティングニードルで刺しながら巻く

9

細長くなってきたら、先端を折り込み、丸くなるように形を整えながら巻く。巻き終わったらフェルティングニードルで刺して形を整える。

10

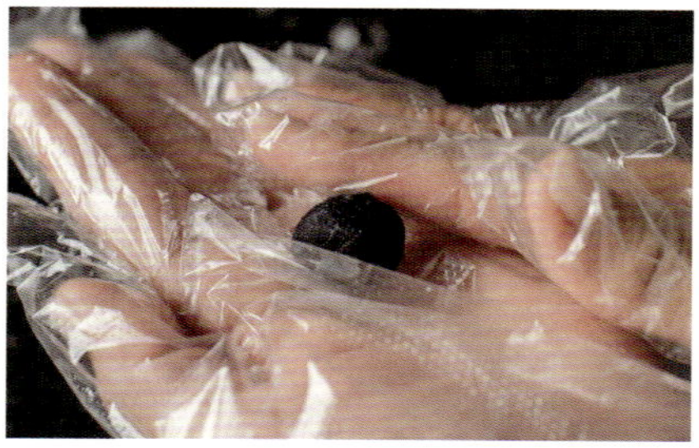

巻き終わったら、ポリエチレン手袋を装着した手にフェルト用ソープの原液を数滴混ぜたお湯で濡らし、両手のひらでやさしく早く転がしてフェルト化させる。

仕上げ

11

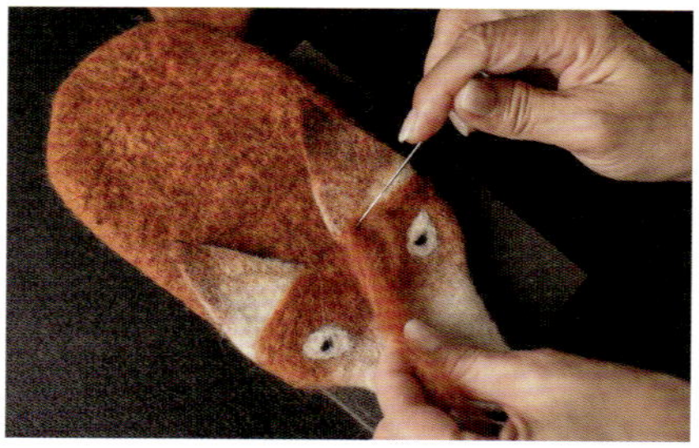

顔部分にフェルティングニードルで目を刺し、鼻としっぽ、耳はフェルトに似た色の糸で縫い付けたら、根元に同色の羊毛をフェルティングニードルで刺してなじませる。

12

口もフェルティングニードルでNo.9（黒）を細く刺して付ける。最後にぬるま湯で洗い、脱水してから乾かして完成。

原寸大型紙

ハマナカ　フェルト羊毛
ミックスNo.206 … 10g
ハマナカ　フェルト羊毛
ナチュラルブレンドNo.802 … 2g
ハマナカ　フェルト羊毛
ソリッドNo.9 … 2g

P.28平面のフェルトの作り方を参照し、耳としっぽ用の羊毛を20×20㎝四方に並べ、13×13㎝に縮むまでこすってフェルト化させる。

※3層目を並べる時、真ん中にNo.9（黒）、下にNo.802（白）を置く

どうぶつの耳としっぽの型紙

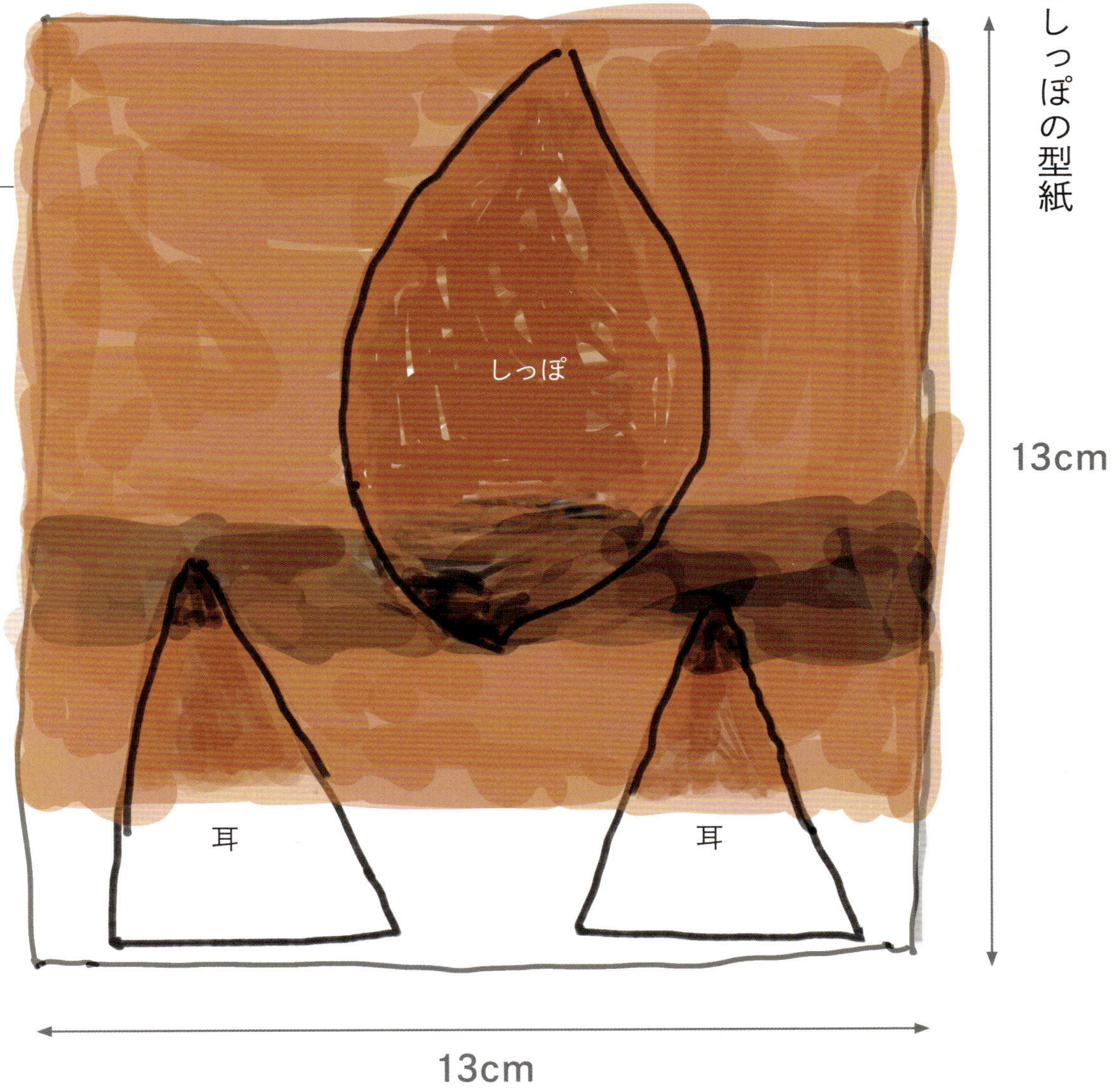

作品
P.16-17
作り方
P.58-60

マレーバク ／ チンチラ

シックな色で楽しむ動物２種。モノトーンコーデに馴染みの良いグレーベース。
ちょっとシュールな動物を形にしました。慣れれば短時間で仕上がります。
お好みの動物を形に。

マレーバク

材料　出来上がりサイズ 11×20cm（しっぽ含まず）

ハマナカ　フェルト羊毛ソリッド
No.9（黒）… 約28g
- 本体
  - 調整用：1〜2g
  - 1層目：表用4g、裏用4g
  - 2層目：表用4g、裏用4g
  - 3層目：表用4g、裏用4g
- 耳としっぽ：2g
- 黒目：適量

フェルト羊毛ナチュラルブレンド
No.802（白）… 10g
- 模様：10g
- 白目：適量

1 本体はキツネと同様に作る。

2 P.28平面のフェルトの作り方とP.62の耳としっぽ用の型紙を参照してフェルトを作り、型紙通りにパーツをカットしたら、同色の糸で本体に縫い付け、フェルティングニードルで同色の羊毛を根元に刺してなじませる。目も羊毛をフェルティングニードルで刺して作る。

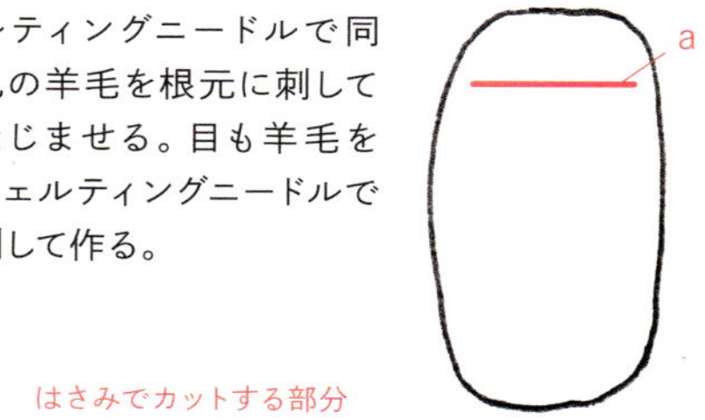

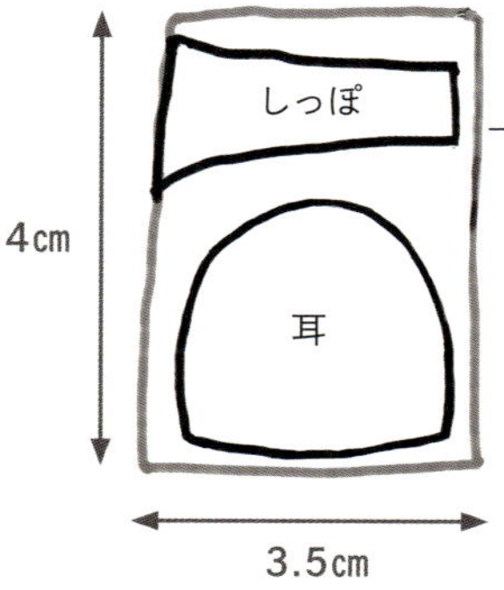

原寸大型紙

ハマナカ　フェルト羊毛
ソリッドNo.9 … 20g

P.28平面のフェルトの作り方を参照し、耳と尻尾用の羊毛を10×6cm（薄い部分含む）に並べ、4×3.5cmに縮むまでこすってフェルト化させる。

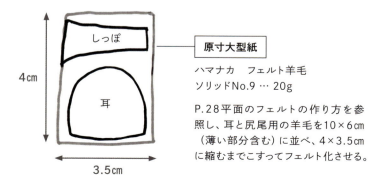

チンチラ

材料　出来上がりサイズ
11×20cm（しっぽ含まず）

ハマナカ　フェルト羊毛ナチュラルブレンド
No.806（グレー）… 100g
- 本体
  - 調整用：1〜2g
  - 1層目：表用4g、裏用4g
  - 2層目：表用4g、裏用4g
  - 3層目：表用4g、裏用4g
- 耳：約1g

ハマナカ　フェルト羊毛ミックス
No.209（ダークグレー）… 約2g
- 耳：適量
- 黒目：適量
- 鼻：適量
- ひげ：適量
- しっぽ：約1g

ハマナカ　フェルト羊毛ナチュラルブレンド
No.802（白）… 適量
- 白目：適量

1　本体はキツネと同様に作る。

2　P.28平面のフェルトの作り方とP.63の耳としっぽ用の型紙を参照してフェルトを作り、型紙通りにパーツをカットしたら、同色の糸で本体に縫い付け、フェルティングニードルで同色の羊毛を根元に刺してなじませる。しっぽはキツネの鼻と同様に丸い玉を作って縫い付け、目とひげ、鼻は羊毛をフェルティングニードルで刺して作る。

原寸大型紙

ハマナカ　フェルト羊毛
ナチュラルブレンドNo.806（グレー）… 約1g
ナチュラルブレンドNo.209（ダークグレー）… 適量

P.28平面のフェルトの作り方を参照し、耳用の羊毛を12×6cmに並べ、7.5×4cm（薄い部分含む）に縮むまでこすってフェルト化させる。※3層目を並べる時、上1/3にNo.9（黒）を置く。

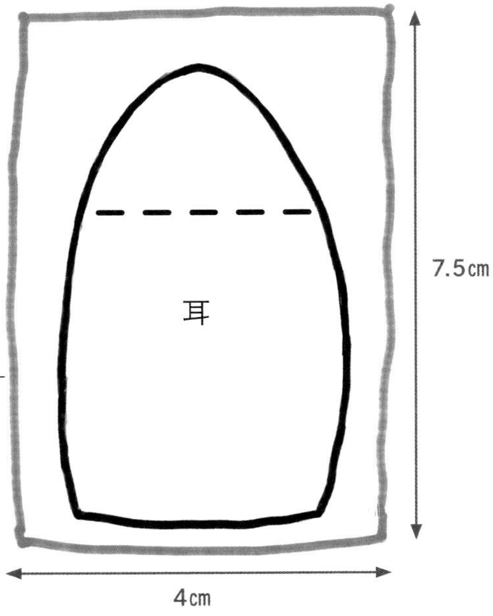

マグリットの山高帽

マグリットの絵にちなんで作った山高帽。サイズ調整は、時々、脱水をして被って確認しましょう。
つばの丈も自由自在に調節できるのが手作りフェルトの醍醐味。

材料

出来上がりサイズ
頭囲56×高さ15×つば丈3.5cm

黒
ハマナカ　フェルト羊毛ソリッドNo.9 … 約60g

グレー
ハマナカ　フェルト羊毛ミックスNo.209 … 約60g

［調整用：5g
1層目：表用9g、裏用9g
2層目：表用9g、裏用9g
3層目：表用9g、裏用9g］

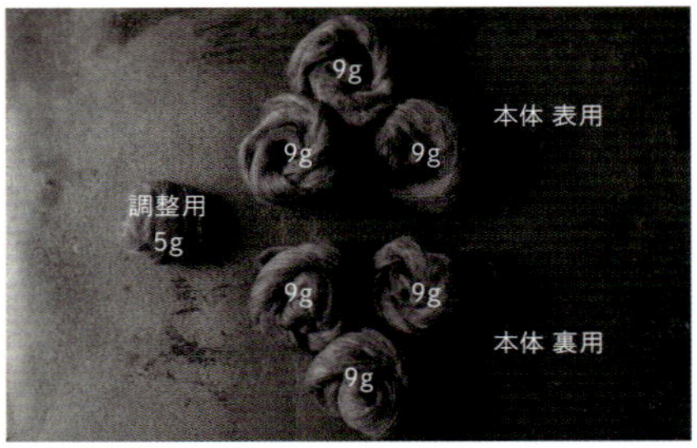

※羊毛のちぎり方はP.28を参照

1

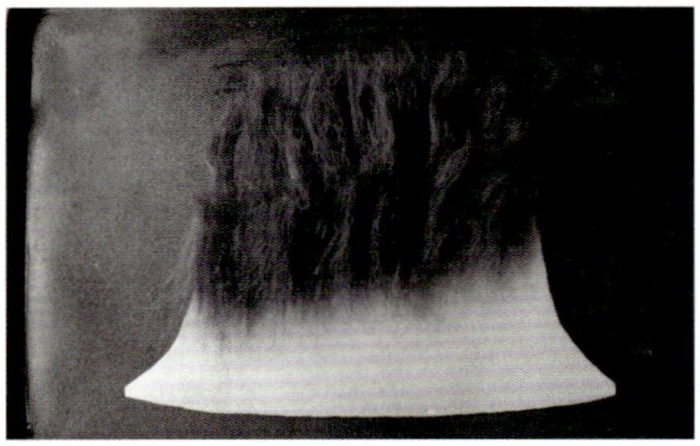

P.34袋状のフェルトの作り方1〜21を参照し、まわり（側面）と全体をこすってフェルト化させる。

2

直線部分をはさみでカットし、頭を入れるための口を開け、型紙を引っぱり出す。

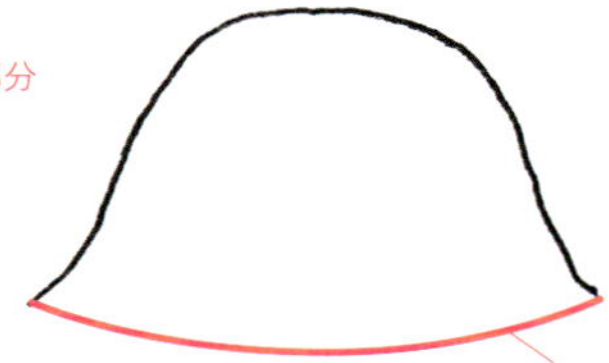

3

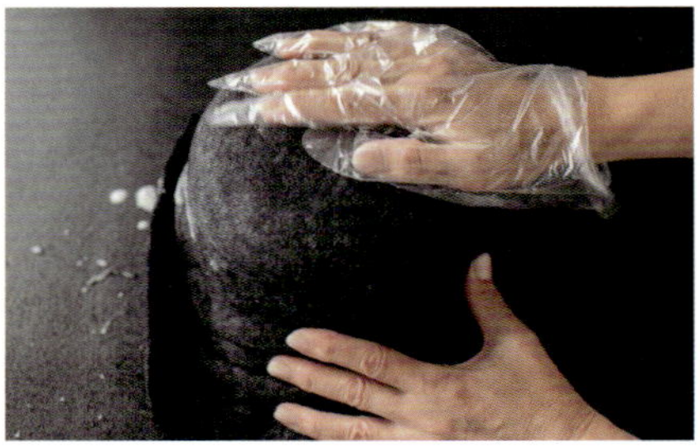

帽子の型に被せ、こすって縮めながら形を整える。※帽子の型がない場合は、軽く脱水した帽子を自身で被って上からなでたり、丸めたタオルを中に入れて形作る

4

つばの部分をタオルで転がして縮める。

作品
P.18-19

型紙
P.90

10

5

力加減に気をつけながら20回ほど転がす。タオルで巻く位置を変えながら転がす。

6

次は方向を変え、ななめにタオルに巻く。

7

つばの部分だけ転がしながら、一周する。

8

つばの部分もしっかりとフェルト化して固くなったら、帽子の型に被せる。

9

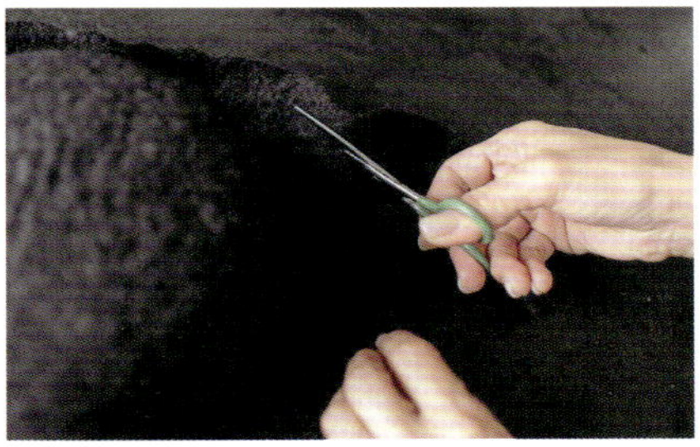

つばを好きな巾でカットする。

10

ポリエチレン手袋を装着した手にフェルト用ソープの原液を数滴たらし、切り口の断面をやさしくこすってフェルトを強化させる。最後にぬるま湯で洗い、脱水してから乾かして完成。※半乾きの状態で表面に当て布をし、アイロンをかけるときれいに仕上がる

アルファベットのサウナハット

薄さを追求したハット。羊毛をちぎる時の分量と厚みが揃うように気をつけて作ります。
サウナの中で裸で被っても良しのデザインを目指しました。
イニシャルはフェルティングニードルで後付けします。

材料

出来上がりサイズ
頭囲56×高さ25㎝

ハマナカ　フェルト羊毛ソリッドNo.44（水色）… 約60g

- 調整用：5g
- 1層目：表用9g、裏用9g
- 2層目：表用9g、裏用9g
- 3層目：表用9g、裏用9g

ハマナカ　フェルト羊毛ナチュラルブレンド
No.816（モカベージュ）… 1g
•アルファベット：1g

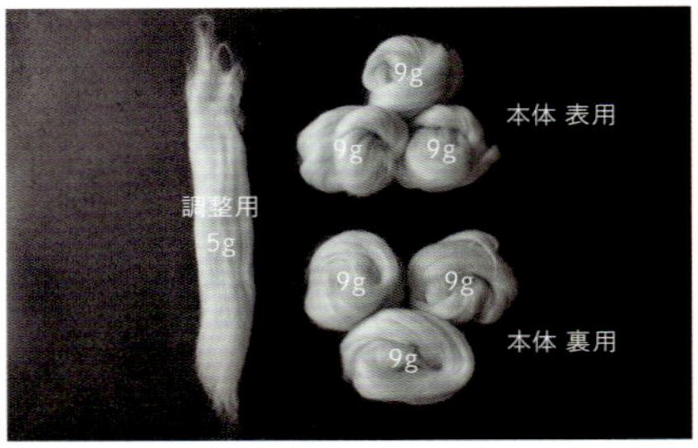

※羊毛のちぎり方はP.28を参照

1

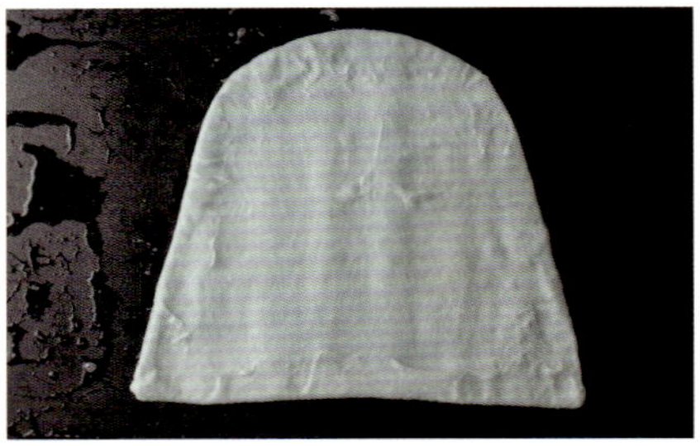

P.34袋状のフェルトの作り方1～21を参照し、ウレタンシートの表裏に羊毛を重ねて濡らし、まわり（側面）と全体をこすってフェルト化させる。

2

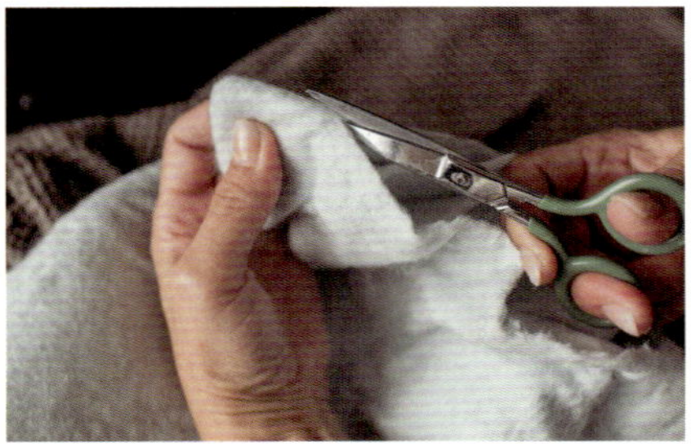

直線部分をはさみでカットし（a）、頭を入れるための口を開け、型紙を引っぱり出す。ポリエチレン手袋を装着した手にフェルト用ソープの原液を数滴たらし、切り口の断面をやさしくこすってフェルト化させる。内側もしっかりこすり、立体に形を整える。

3

好きな位置にアルファベットの型紙を置いて印をつけ、内側にフェルティングマットを入れてから 、フェルティングニードルで羊毛を刺していく。羊毛を足すときは、針先で押し込むように少しずつ足していく。刺し終わったら、ソープ入りのお湯で濡らし、ポリエチレン手袋を装着した手で軽くなでてフェルト化させる。全体のしわを伸ばすようにこすりながら、形を整える。最後にぬるま湯で洗い、脱水してから乾かして完成。

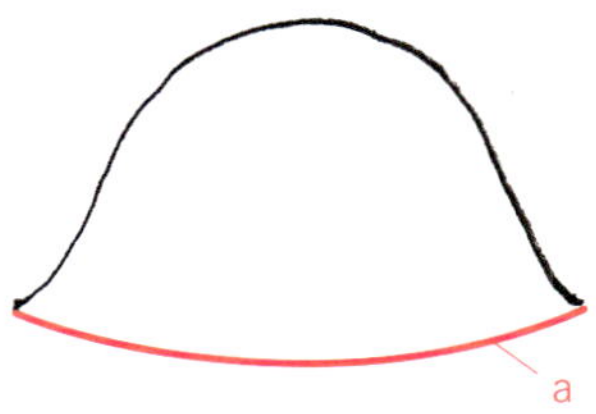

作品
P.21
型紙
P.92
12

ABC

DEF

GHI

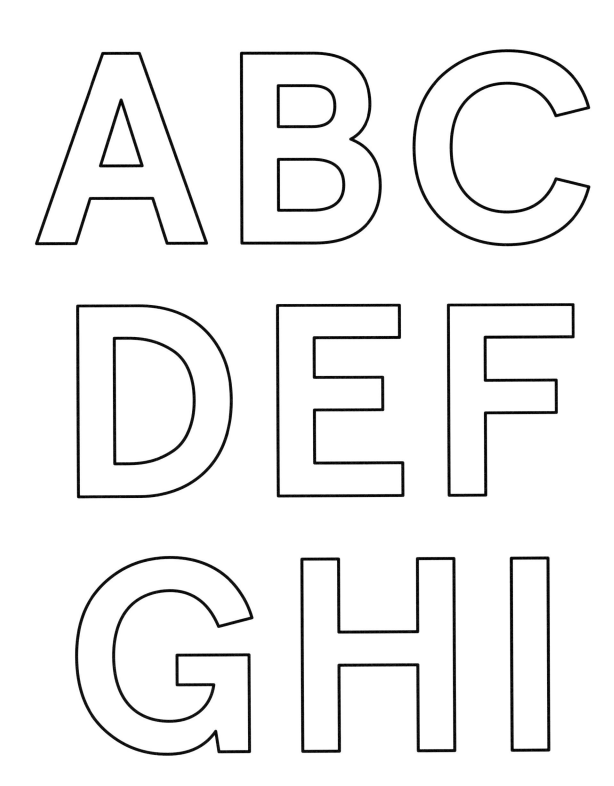

JKL

MNO

PQR

STU

VW

XYZ

白いBALLET SHOES/SIMPLE SHOES

寒い冬の足下を温めるルームシューズ。これ1足でほかほか、床暖房いらずです。
見た目にもあたたかさを感じられる、機能性の高い一足。
白いBALLET SHOESは履き口を縦長にカットし、つま先をスクエア形にしました。

材料

出来上がりサイズ
足のサイズ約25cm ※自分のサイズに調整可

白いBALLET SHOES
ハマナカ　フェルト羊毛ソリッドNo.1 … 200g

SIMPLE SHOES
ハマナカ　フェルト羊毛ソリッドNo.56 … 200g

［調整用：右足用10g、左足用10g
1層目：右足表用15g、右足裏用15g
左足表用15g、左足裏用15g
2層目：右足表用15g、右足裏用15g
左足表用15g、左足裏用15g
3層目：右足表用15g、右足裏用15g
左足表用15g、左足裏用15g］

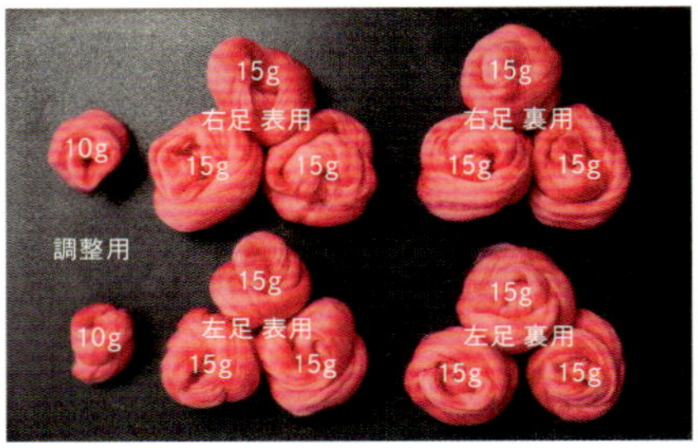

※羊毛のちぎり方はP.28を参照

1

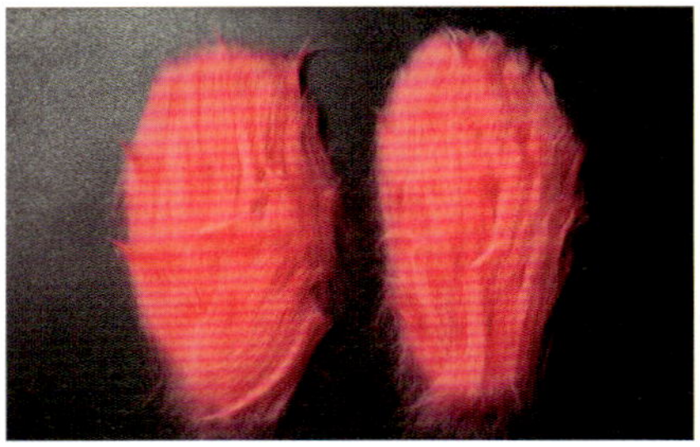

ウレタンシートの型紙の上に、表用の羊毛を繊維が縦方向になるように並べていく。5列並べたら1層目ができる。※型紙からはみ出しすぎないようにする

2

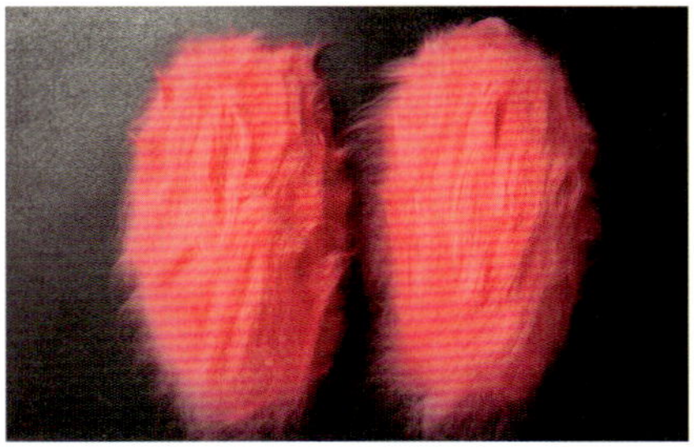

2層目は羊毛の繊維を横方向に、3層目は再び縦方向に並べる。

3

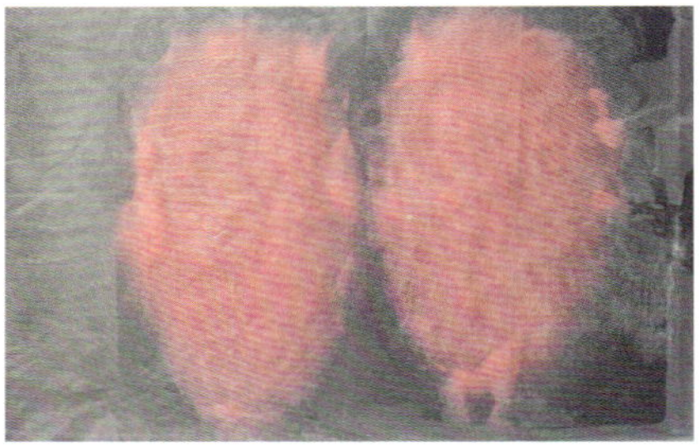

P.34袋状のフェルトの作り方3～5を参照し、型紙を外してネットを被せ、ソープ入りのお湯で濡らす。

4

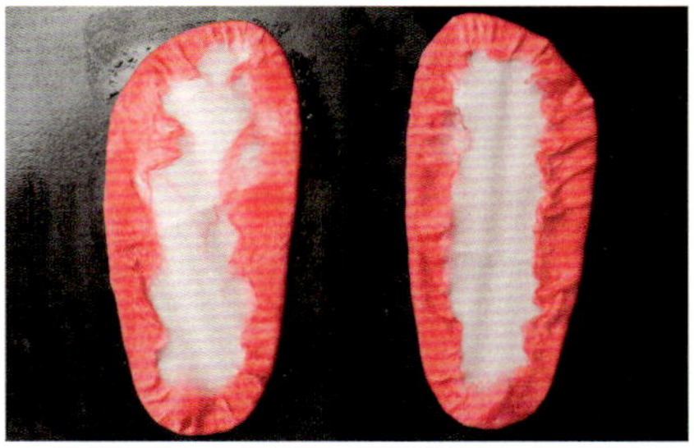

P.34袋状のフェルトの作り方6～9を参照し、はみ出した部分を折り返し、厚みを整える。

作品
P.22-23
型紙
P.93-94

13
14

5

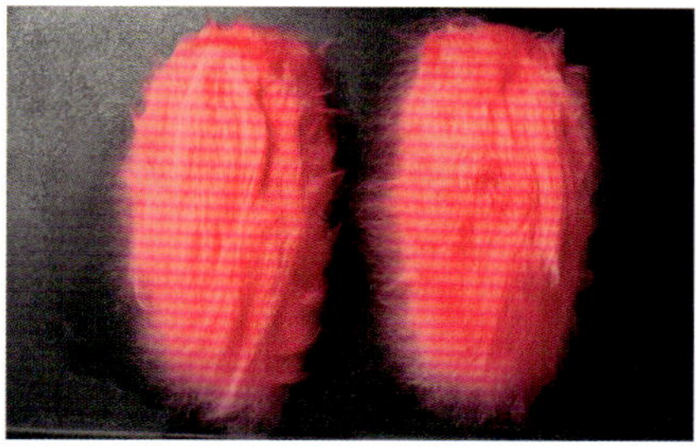

裏用の羊毛を3層重ねる。

6

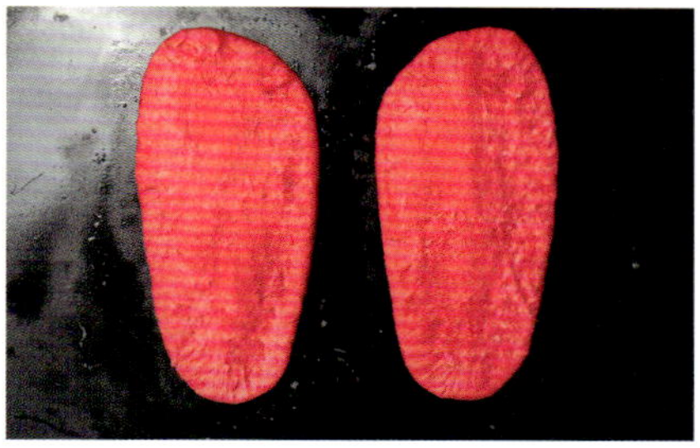

P.34袋状のフェルトの作り方11〜15を参照し、裏面も濡らしてひっくり返し、はみ出た部分を折り返し、厚みを整える。

7

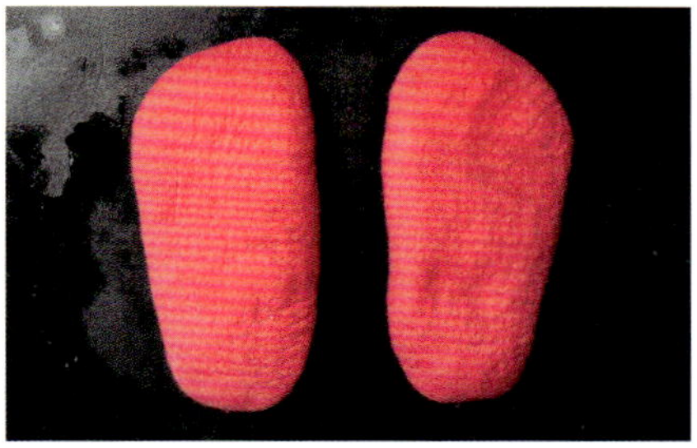

P.34袋状のフェルトの作り方16〜21を参照し、まわり（側面）と全体をこすってフェルト化させる。

8

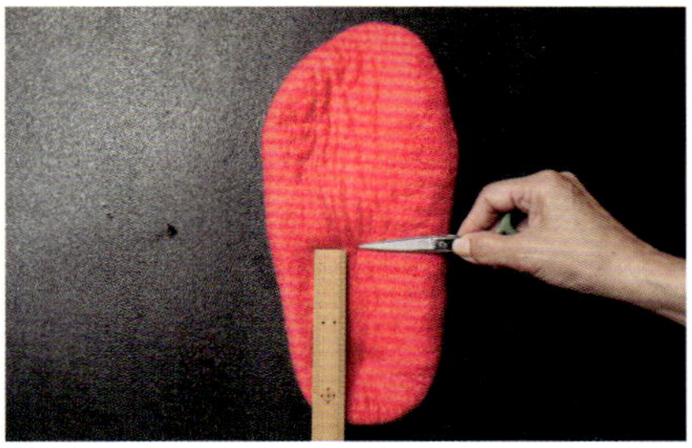

履き口を作る。SIMPLE SHOESの場合、かかとから4㎝と12㎝のところにはさみの先を押し当ててガイドを付ける。※白いBALLET SHOESの場合はP.70の図を参照

9

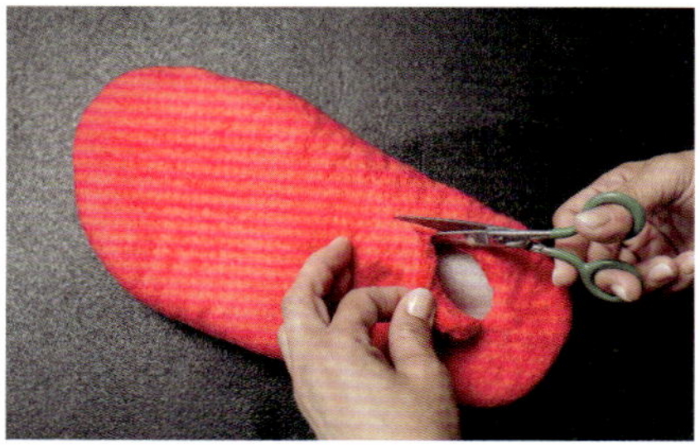

ガイドの位置をはさみで丸くカットし、履き口を作る（a）。

10

はさみの刃は寝かせず、立てたままカットすると切りやすい。

11

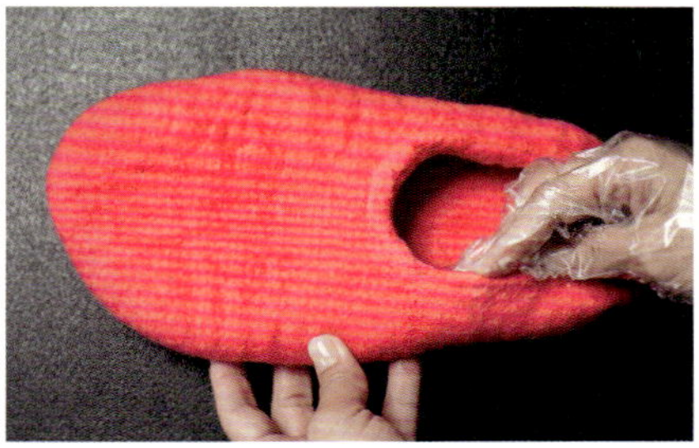

ポリエチレン手袋を装着した手に、フェルト用ソープの原液を数滴たらし、切り口の断面をやさしくこすってフェルト化させたら、型紙を引っぱり出し、裏側もしっかりとこする。

12

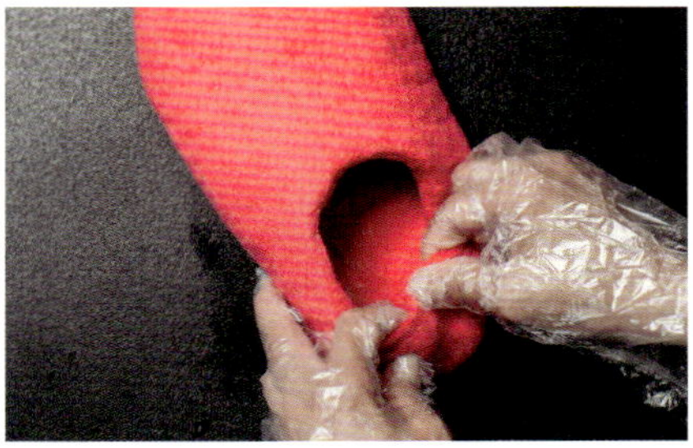

ポリエチレン手袋を装着した手に、フェルト用ソープの原液を数滴たらし、かかと部分をぐねぐねと曲げたり伸ばしたりしながら立体にしていく。

13

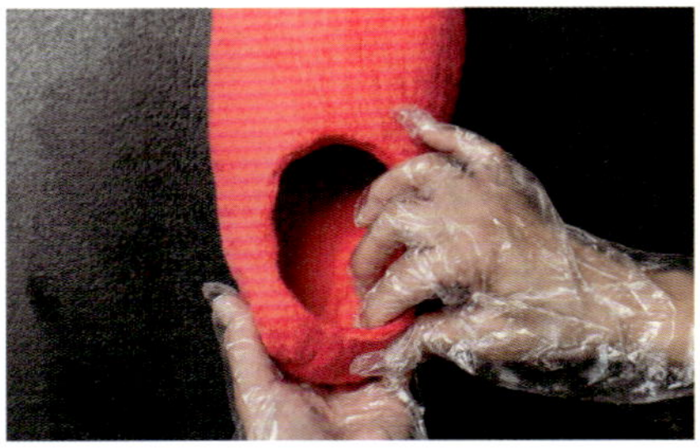

かかとが立ち上がってきたら、指で挟むようにしながらこする。

14

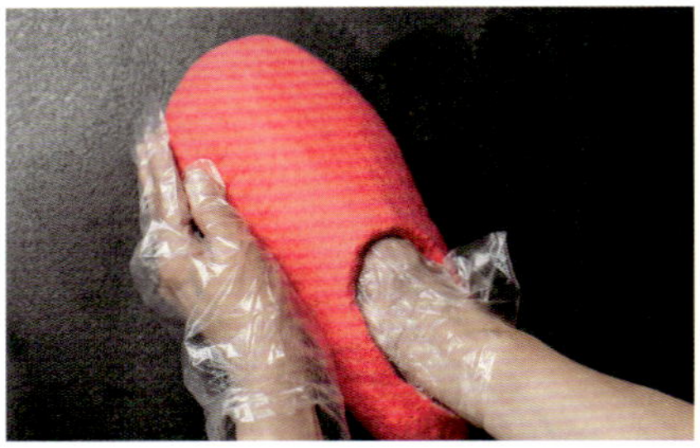

内側に手を入れ、つま先の方までしっかりとこする。※BALLET SHOESのつま先はややスクエアになるよう濡れたタオルで巻いて転がし、バレエシューズ型に仕上げる

15

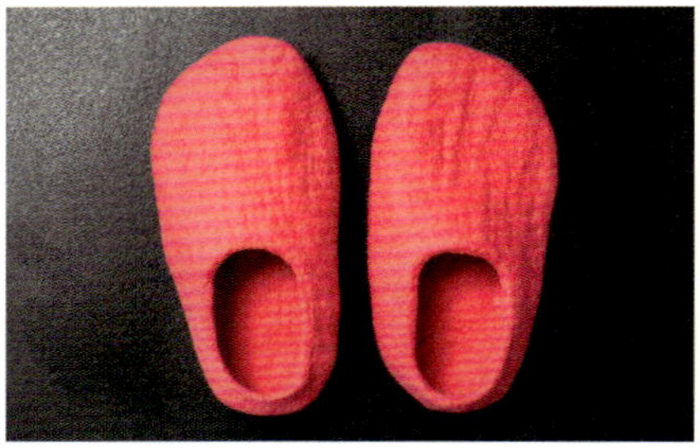

全体のしわを伸ばすように力を入れてこすりながら、立体的に形を整える。最後にぬるま湯で洗い、脱水してから乾かして完成。

はさみでカットする部分

SIMPLE SHOES

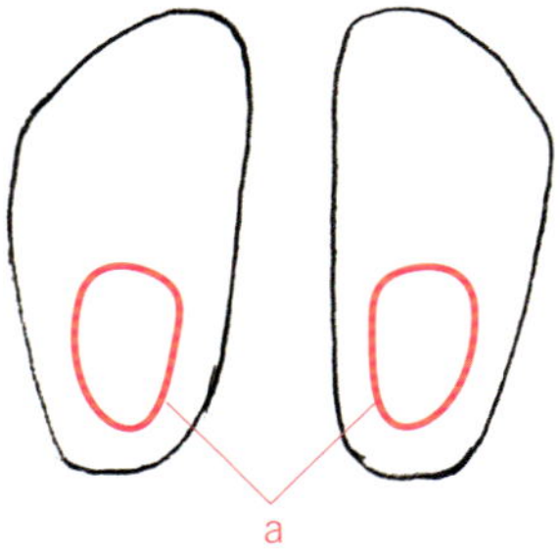

白いBALLET SHOES

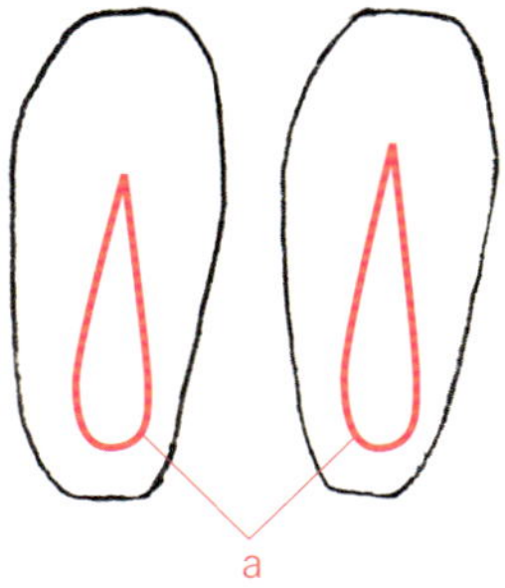

足首まであたたかいROOM SHOES

ブーツ型のルームシューズ。型はブーツの両足分を横に寝かしてひとつながりにしたコの字型。
ある程度、フェルト化したところで真ん中で2つにカットして立ててから立体的に形作っていきます。

材料

出来上がりサイズ
高さ20cm　足のサイズ25cm　※自分のサイズに調整可

ハマナカ　フェルト羊毛ミックスNo.208 … 200g

調整用：表用10g、裏用10g
1層目：表用30g、裏用30g
2層目：表用30g、裏用30g
3層目：表用30g、裏用30g

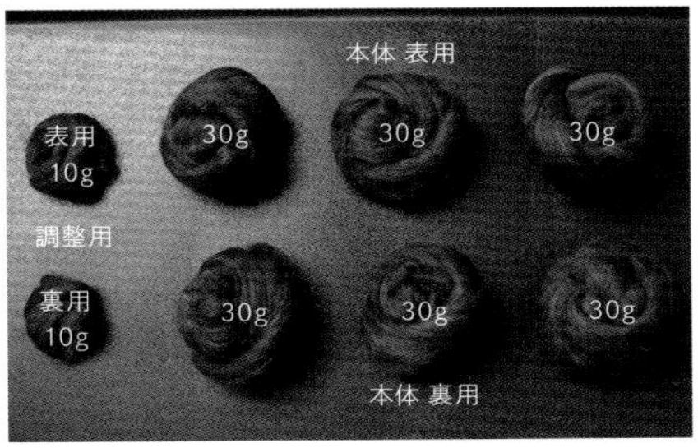

※羊毛のちぎり方はP.28を参照

1

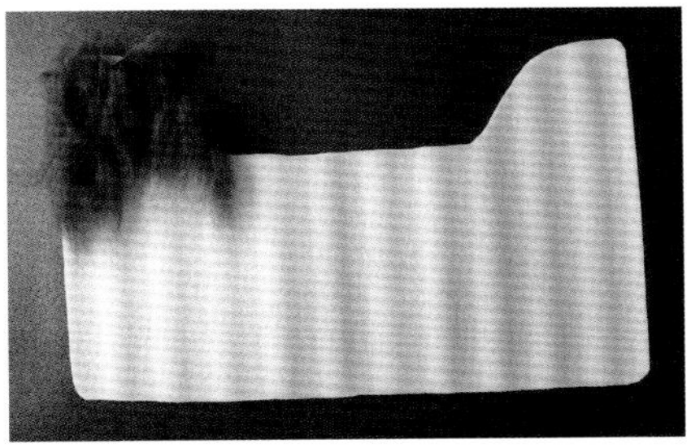

ウレタンシートの型紙の上に、表用の羊毛を繊維が縦方向になるように並べていく。3列並べたら1層目ができる。※型紙からはみ出しすぎないようにする

2

2層目は羊毛の繊維を横方向に、3層目は再び縦方向に並べる。

3

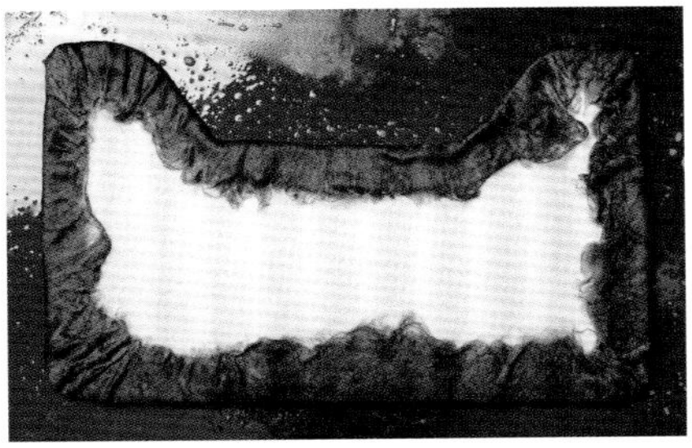

P.34袋状のフェルトの作り方3〜9を参照して表面を作る。※つま先とかかとになる部分は、羊毛を厚めにし、カットする中央部分は厚みが均等になるように気をつける

4

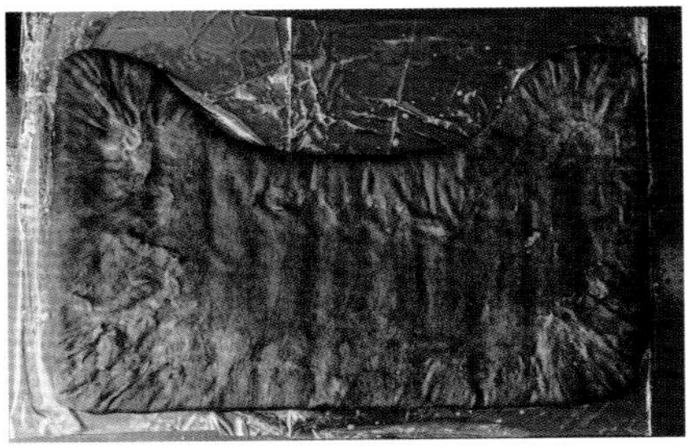

P.34袋状のフェルトの作り方10〜15を参照し、裏面を作る。

作品
P.24

型紙
P.95

15

5

P.34袋状のフェルトの作り方16〜21を参照し、まわり（側面）と全体をこすってフェルト化させる。

6

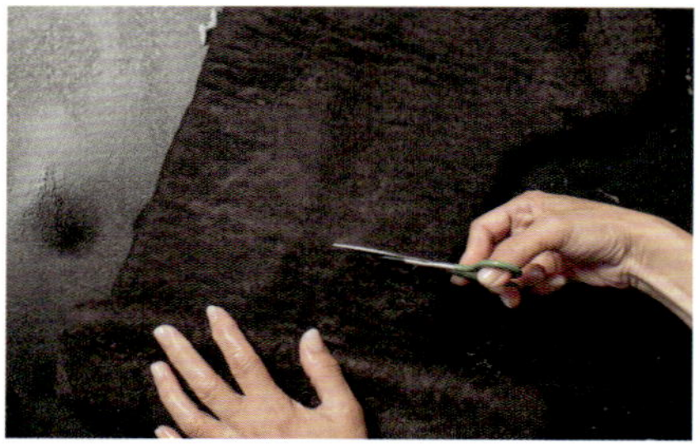

横半分のところを表面からカットする（a）。

7

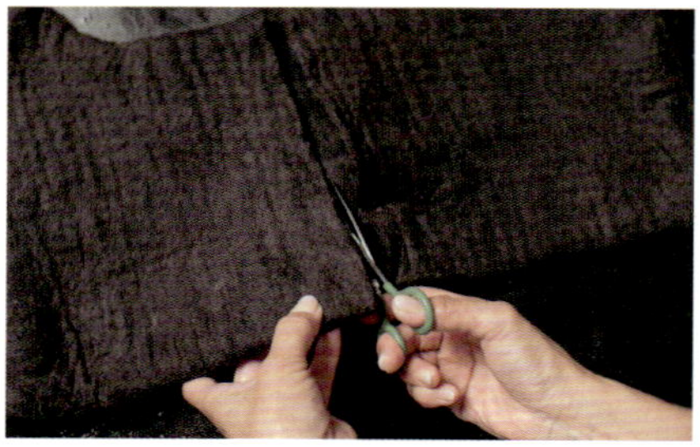

型紙を引っぱり出し、裏面もカットする。

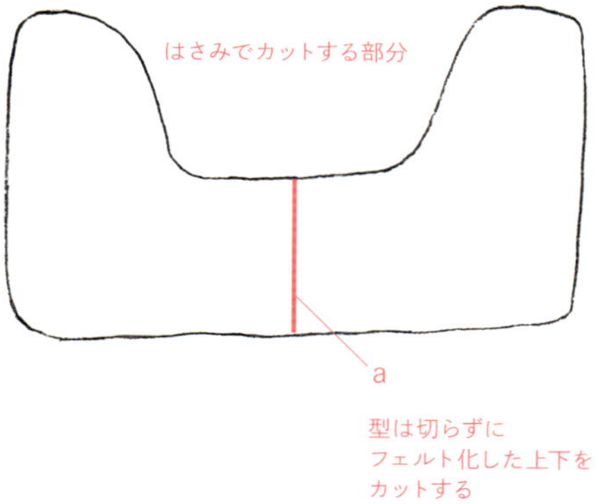
はさみでカットする部分
a
型は切らずに
フェルト化した上下を
カットする

8

両足のパーツができた。

9

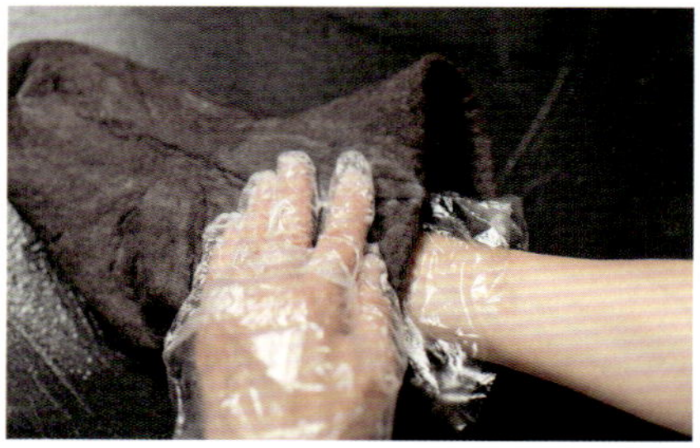

ポリエチレン手袋を装着した手に、フェルト用ソープの原液を数滴たらし、切り口の断面をやさしくこすりフェルト化させたら、裏側に手を入れ、立体にしながら両手でこする。※甲のカーブしている部分を伸ばして、平面から立体にする

10

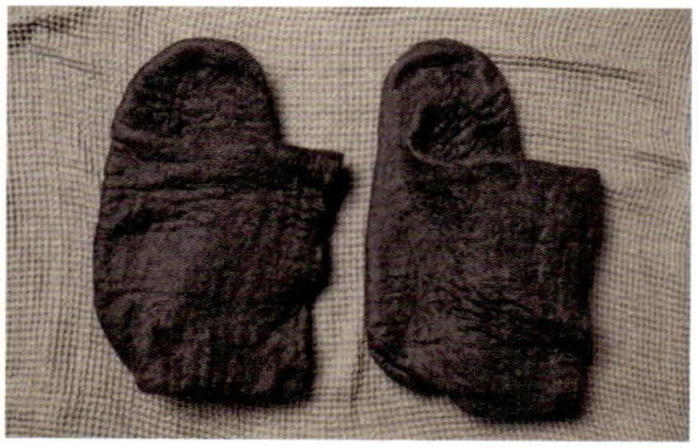

足底を作って折りたたみ、いろいろな方向からタオルで巻いて片足ずつ100回ほど転がす。

11

全体のしわを伸ばすようにこすりながら、立体的に形を整える。つま先は左右に手で引っ張って丸みを出し、履きやすい形にする。

12

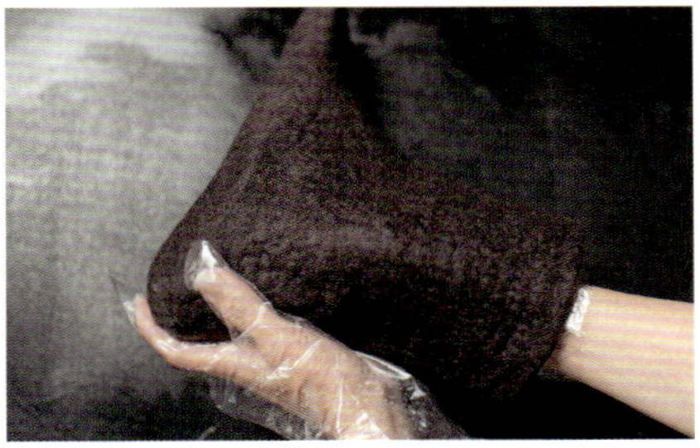

かかと部分は中に手を入れ、内側と外側をしっかりとこする。

13

足首や履き口部分が大きい場合は、濡らしたタオルで巻いて好みのサイズになるまで転がしたりこすったりして縮める。

14

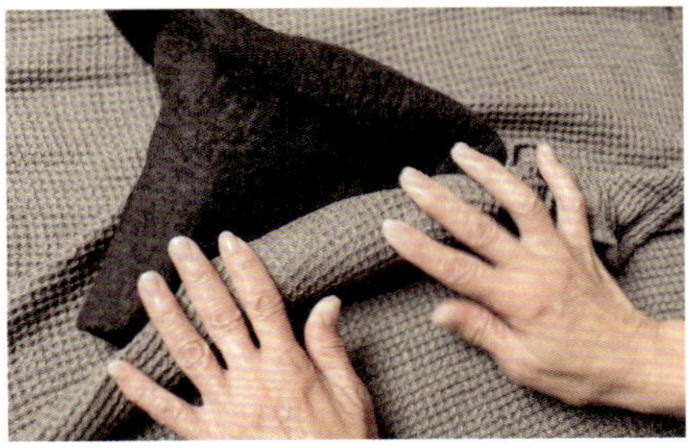

履き口はななめに巻いて転がすと縮みやすい。

15

最後にぬるま湯で洗い、脱水してから乾かして完成。

冬のピアス

硬めに作った平面のフェルトを好きな形にカットして、アクセサリーに。
丸や四角など、いろいろなモチーフで作ってみてください。

材料　出来上がりサイズ
好みの大きさ

好きな色の羊毛で作ったフェルト
ピアスのパーツ … 適量

1

P.28平面のフェルトの作り方を参照し、好きな色の羊毛でフェルトを作る。ぬるま湯で洗って乾かしたら、アイロンや水で消えるペンなどで型紙を写す。※フェルトは、ベレー帽やルームシューズの切り取った部分を使用してもOK

2

型紙の線に沿って、はさみでカットする。

3

端から無駄がないようにカットすると、たくさん作ることができる。

4

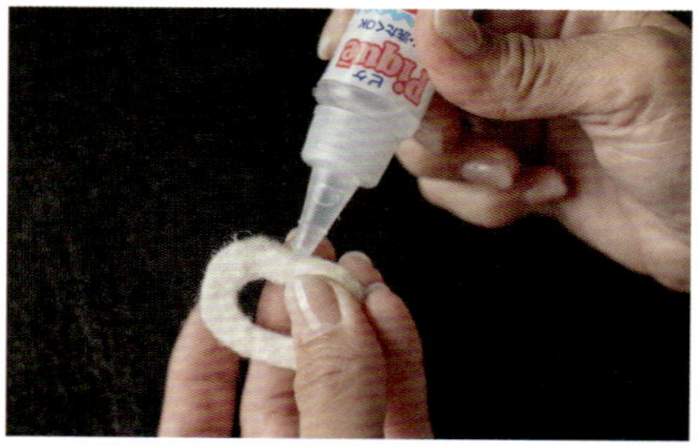

断面にほつれ止め液を塗り、乾いたら裏面にピアスのパーツを接着剤で付ける。※ほつれ止め液を塗ることで、断面の毛羽立ちをおさえ、フェルトを固くすることができる

作品
P.25

型紙
P.77

16

原寸大型紙

型紙

この型紙は実物大ではありません。

ウレタンシートに定規とペンを使って描いてください。
カーブの部分はフリーハンドで描いています。
少し曲がっても、フェルト化させながら形を調整できるので、
おおらかな気持ちで型紙を作ってください。

持ち手の長さを変えたり、拡大縮小したり、
好きなサイズにアレンジしてみてください。

型紙

1

持ち手を取り外せるザブトン バッグ

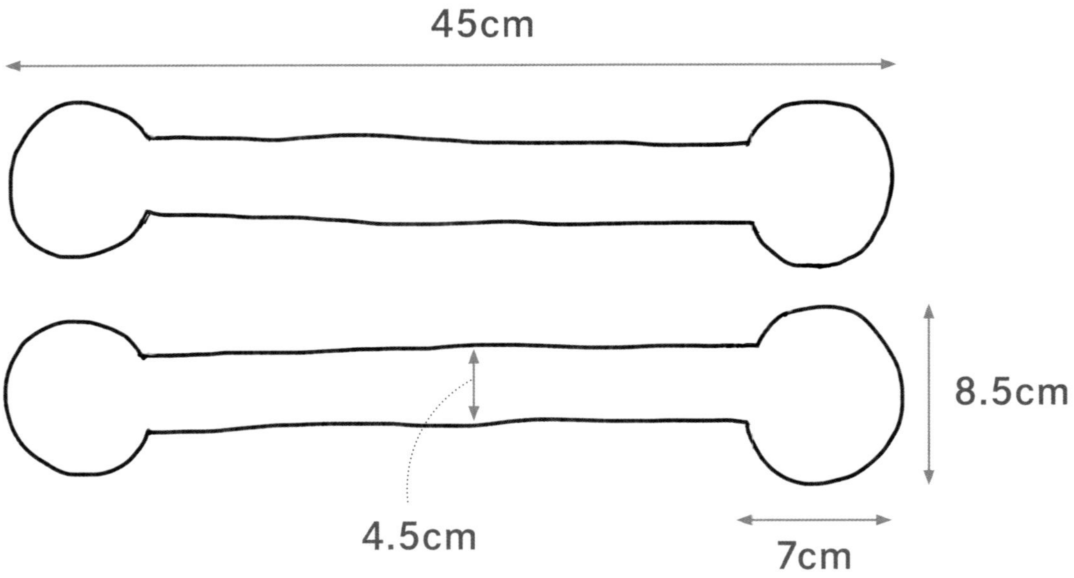

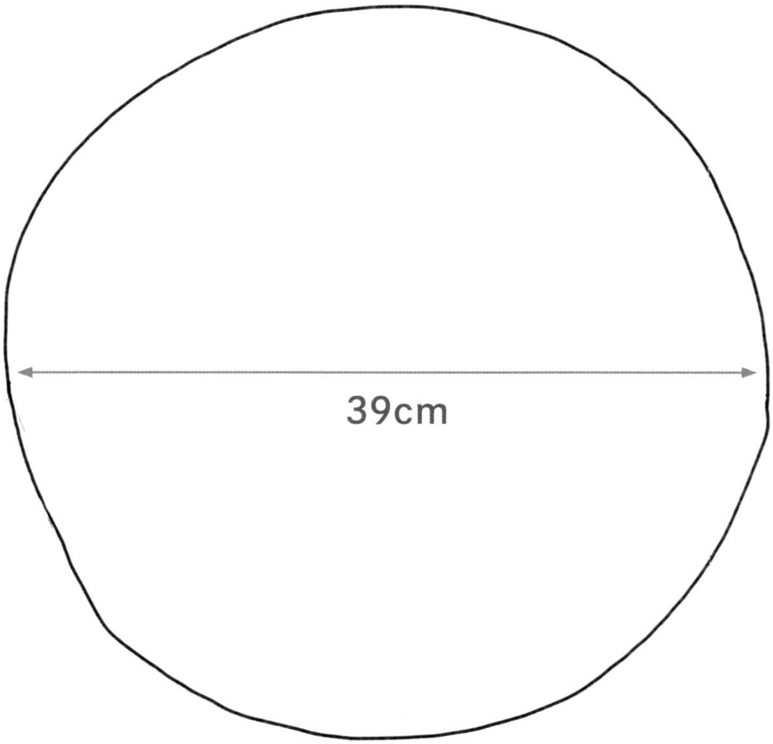

作品
P.6-7

作り方
P.42-43

arrangement

バッグの持ち手を付け替えられるので、赤や緑など別色の羊毛で作るのもおすすめ。フェルト以外にも、革素材などで作って付けることもできます。

型紙

2

4時間で作る肩かけバッグ

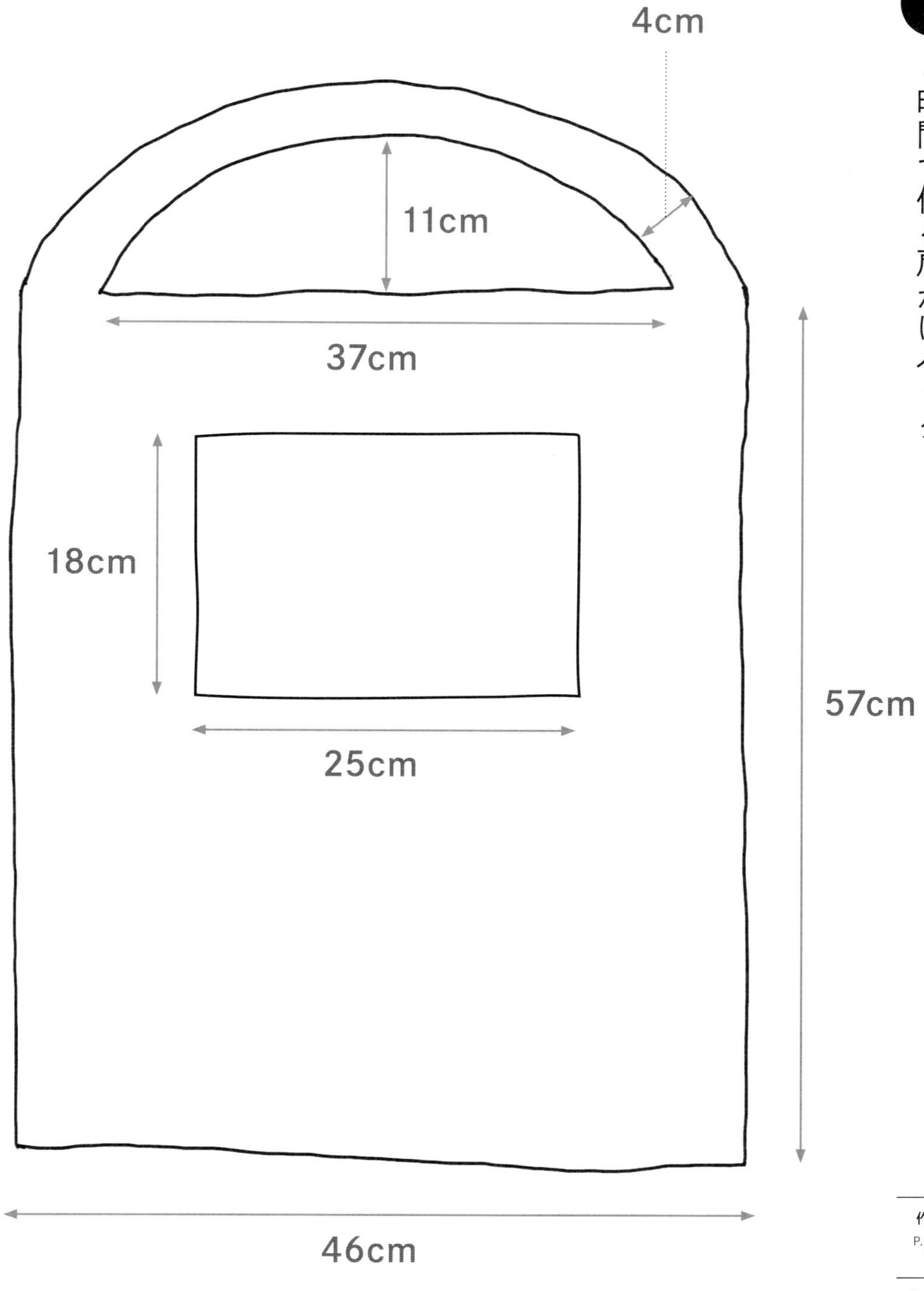

作品
P.8

作り方
P.44-46

型紙

3

まるい持ち手のバッグ

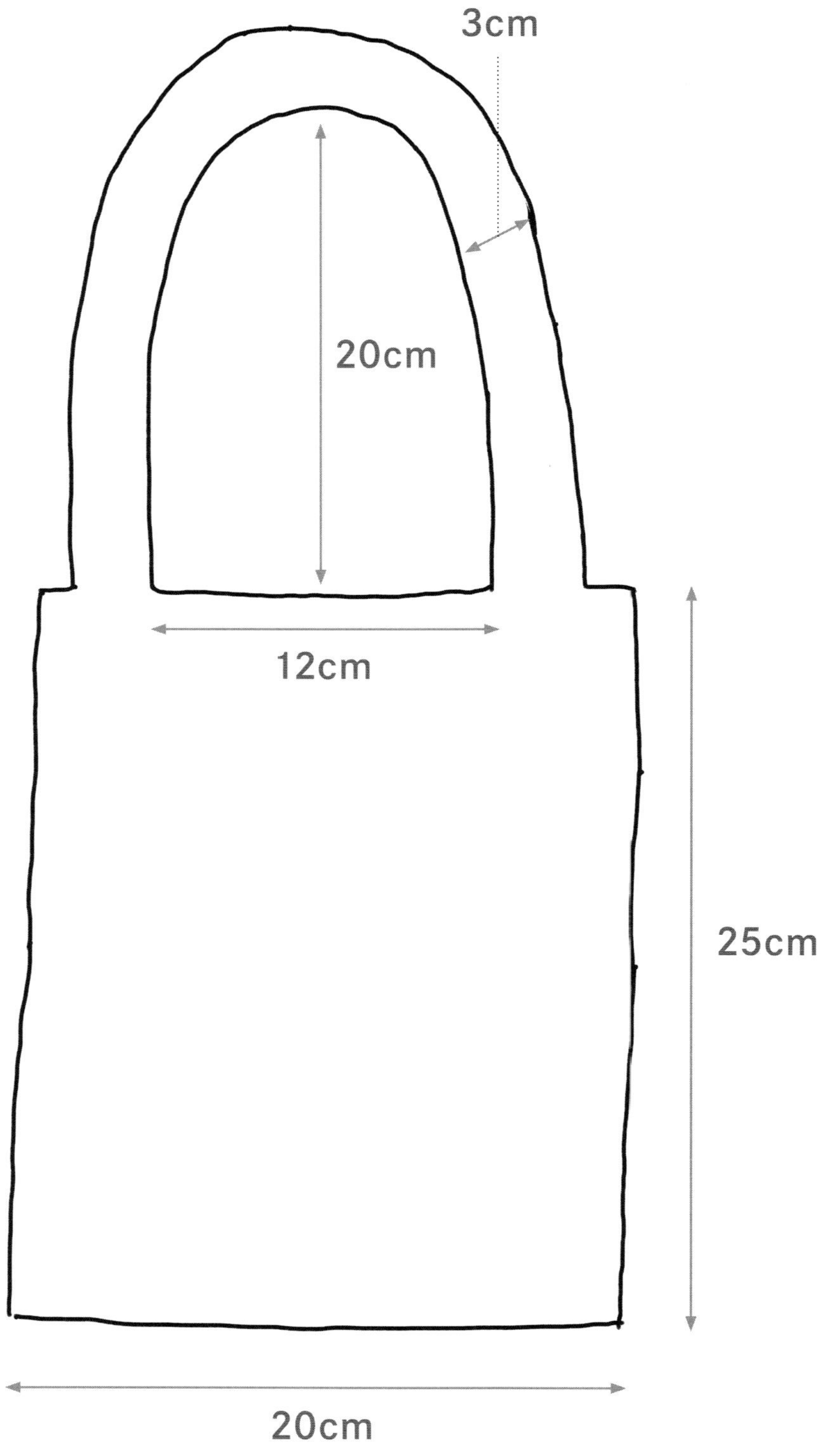

作品
P.9

作り方
P.47-48

型紙

4 よこ長のグロサリートート

まちあり／まちなし

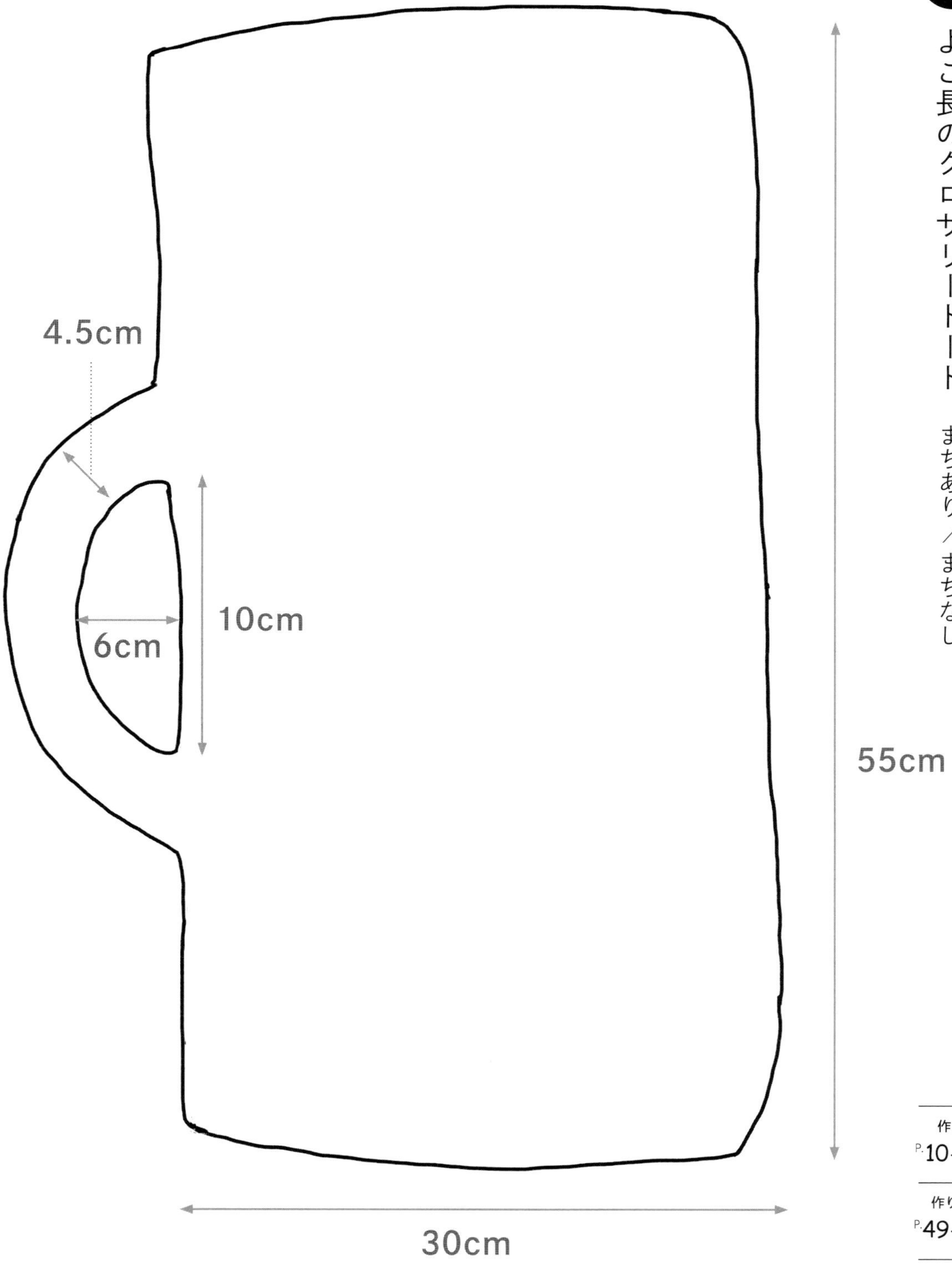

作品
P.10-11

作り方
P.49-51

型紙

5

りんごの小物入れ

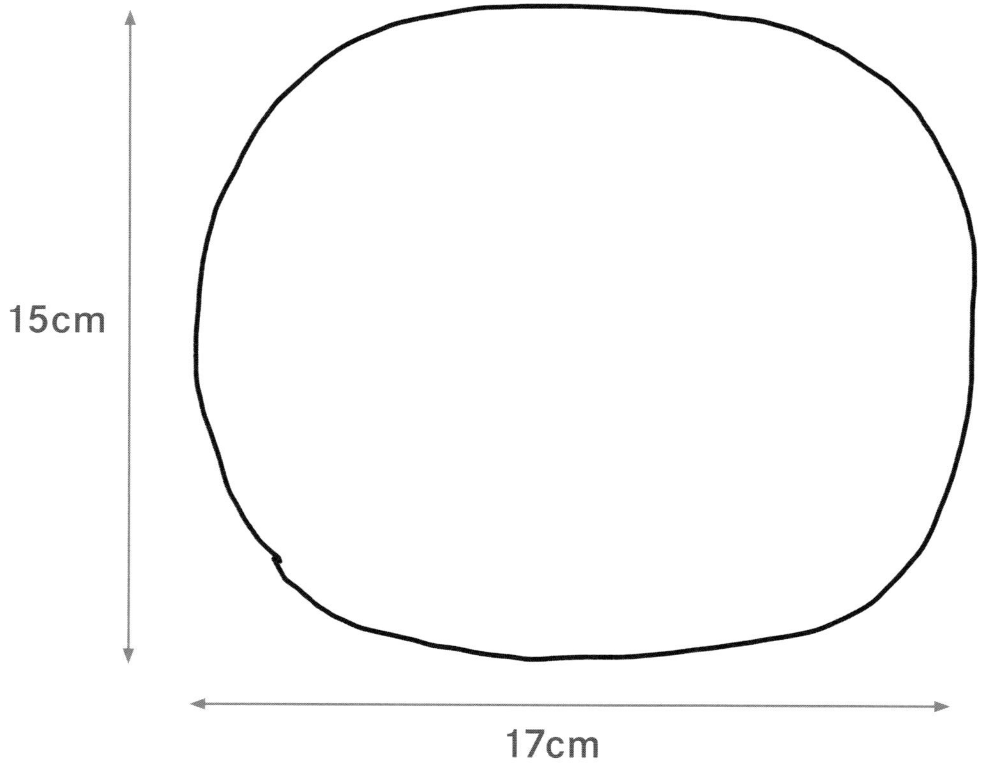

作品
P.12

作り方
P.52-53

型紙

6

同じ型で作る2種のポーチ

さんかく／しかく

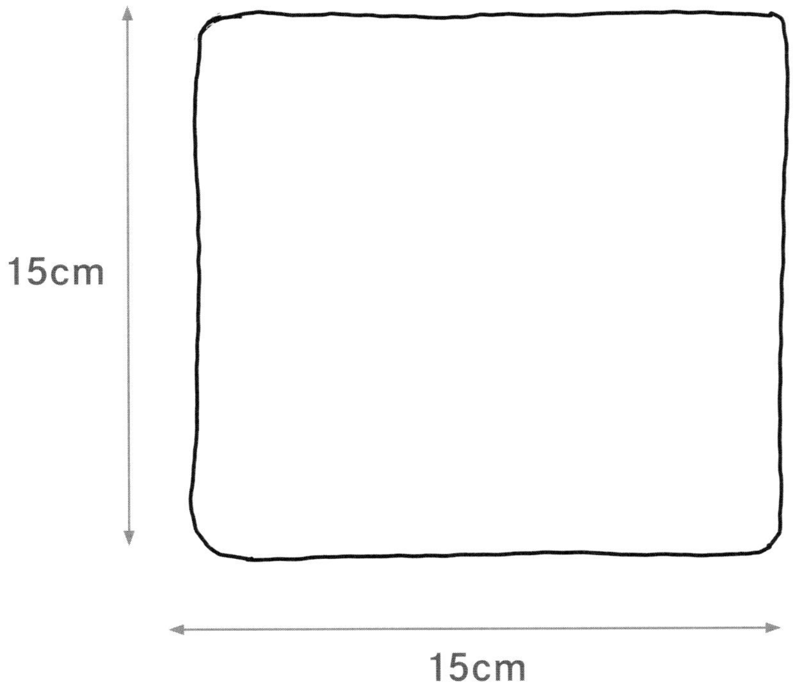

arrangement

しかくタイプは小さく作れば名刺ケースに、横長サイズで作ればペンケースにもなります。

作品
P.13

作り方
P.54-55

型紙

7

めがねケース

みずたま／しましま

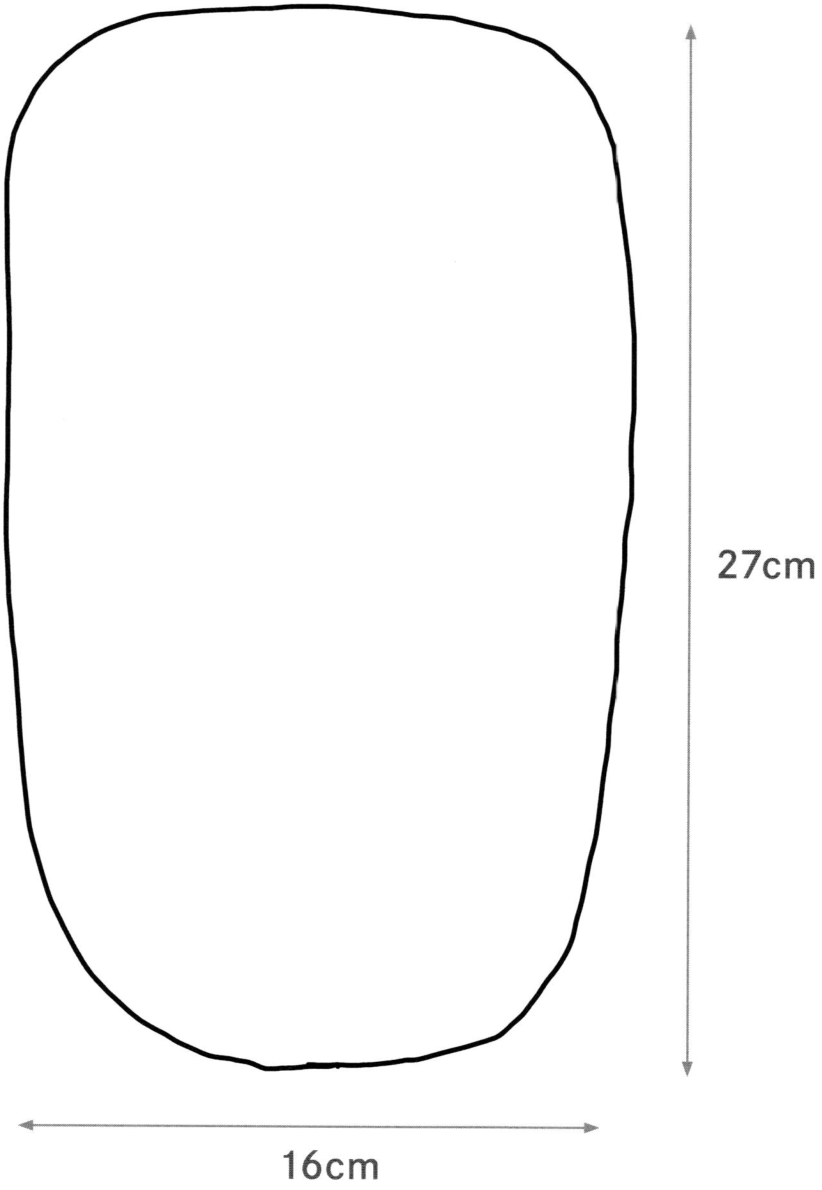

作品
P.14

作り方
P.56

型紙

8

2TONEのタブレットケース

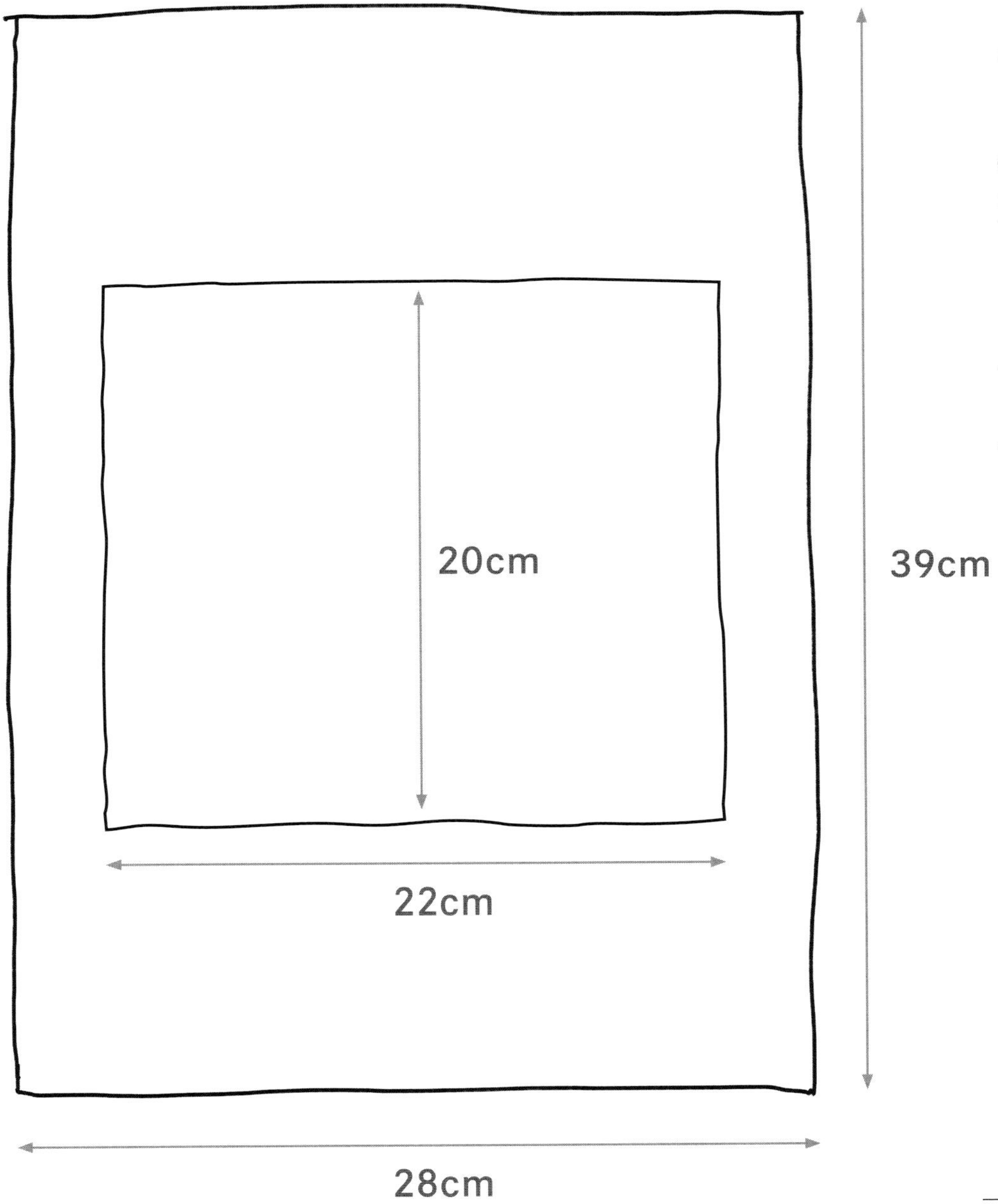

arrangement

タブレット用タッチペンが入るくらいの細長いポケットを付けても便利。
型紙は、12.9インチのタブレット用です。それよりも小さなサイズの場合、型紙は記載の数字よりも2cmほど小さく作り、フェルト化させながら調整してください。

作品 P.15

作り方 P.57

キツネ

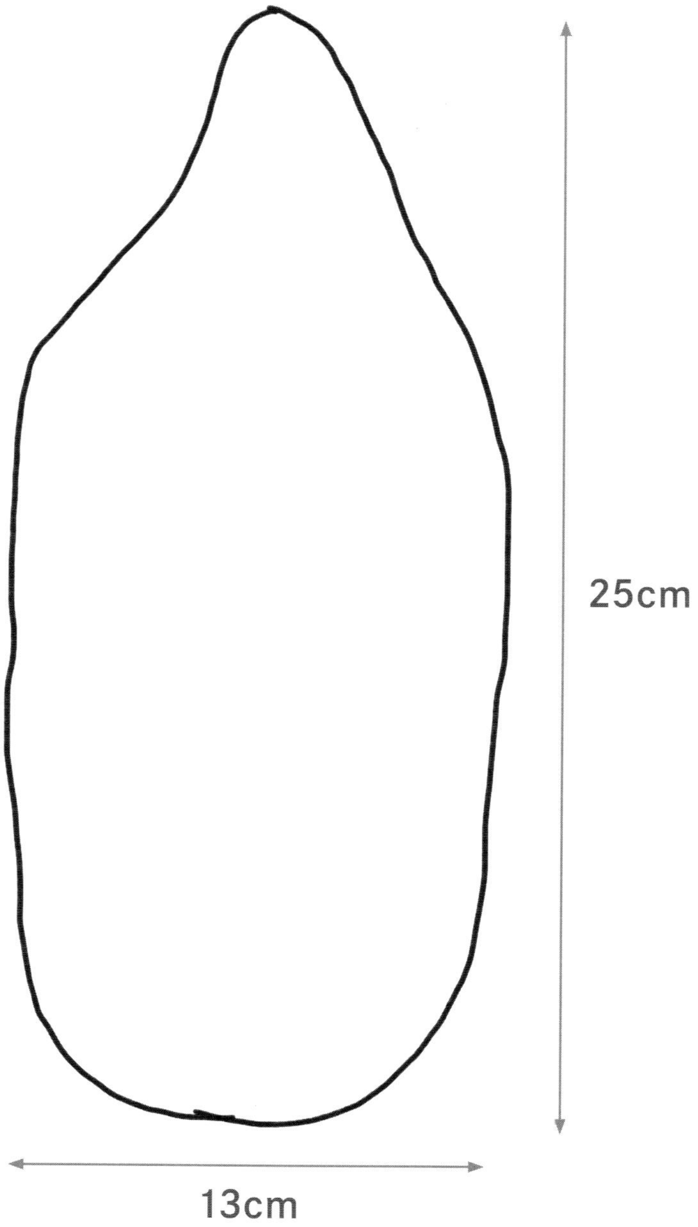

作品
P.16-17
作り方
P.58-59
型紙
（耳と尻尾）
P.60-63

マレーバク　チンチラ

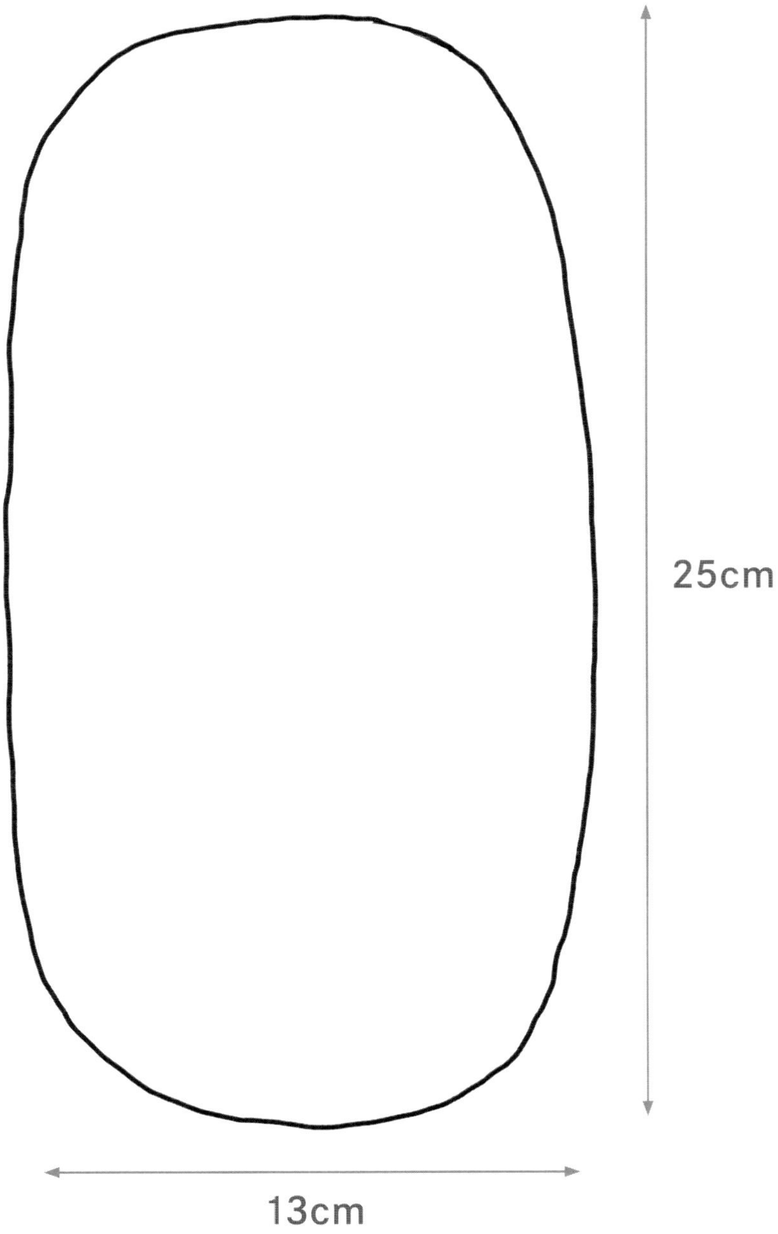

arrangement

三角の耳と長い尻尾のネコ、
丸い耳と丸い尻尾のクマなど、
羊毛の色とパーツの形を変え
れば好きな動物が作れます。

型紙

10

マグリットの山高帽

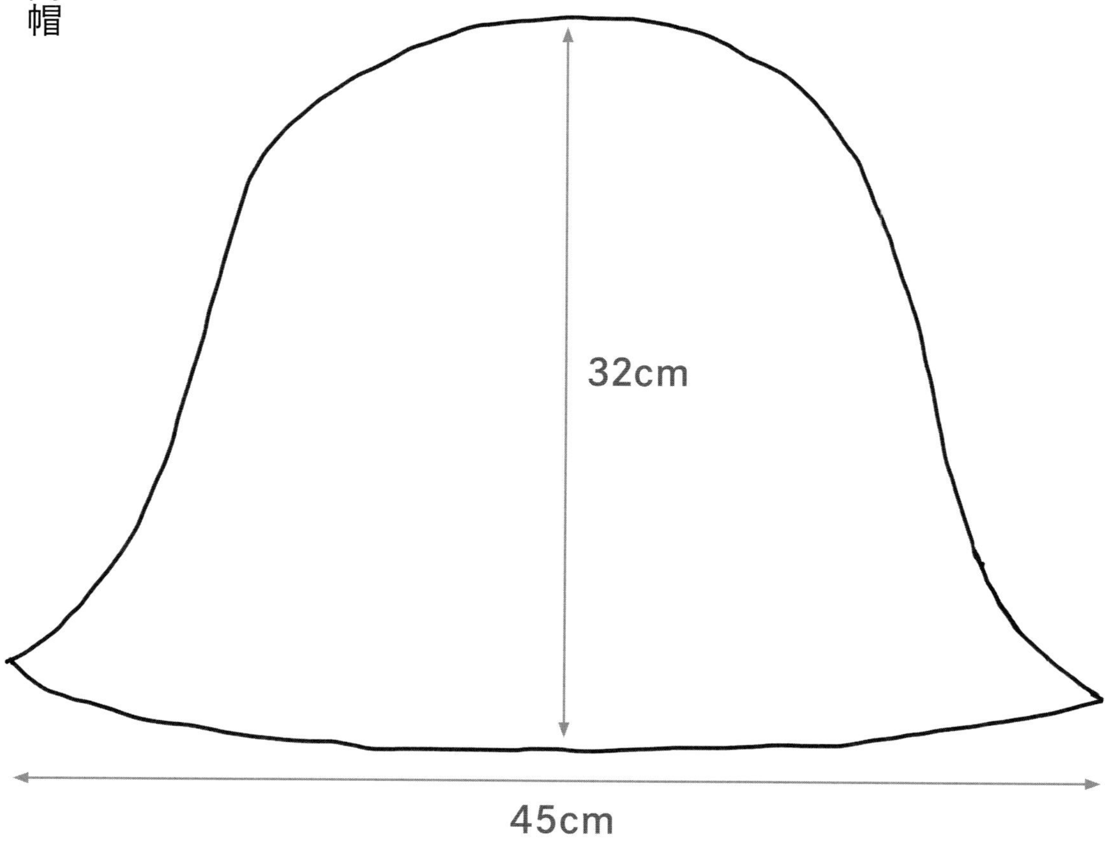

作品
P.18-19

作り方
P.64-65

型紙

11

パンみたいに軽いベレー帽

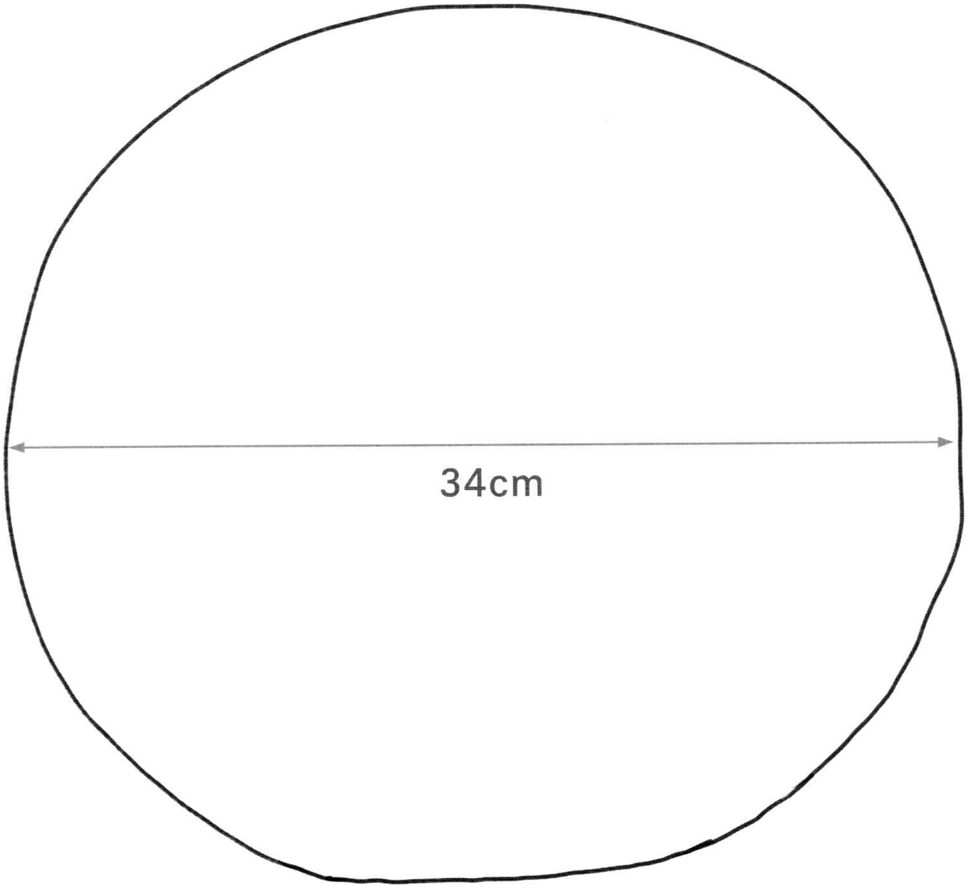

作品
P.20

作り方
P.33–37

型紙

12

アルファベットのサウナハット

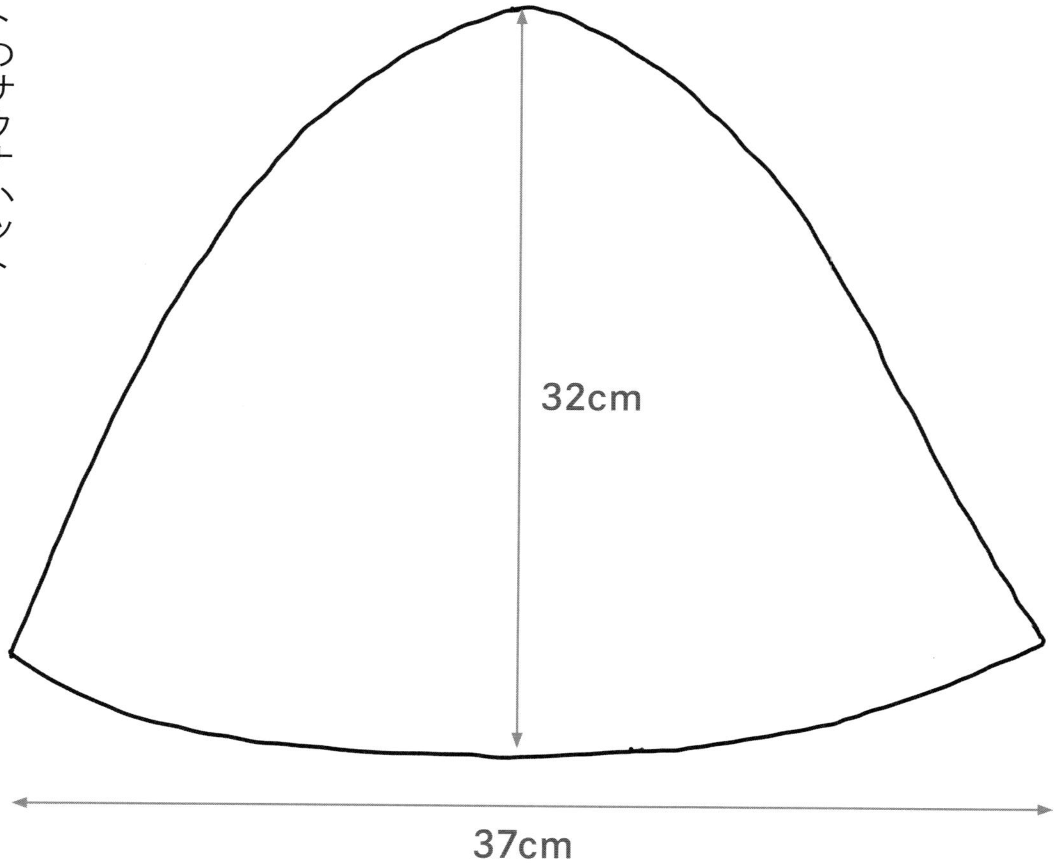

作品
P.21

作り方
P.66

型紙
（アルファベット）
P.67-69

型紙

13 白いBALLET SHOES

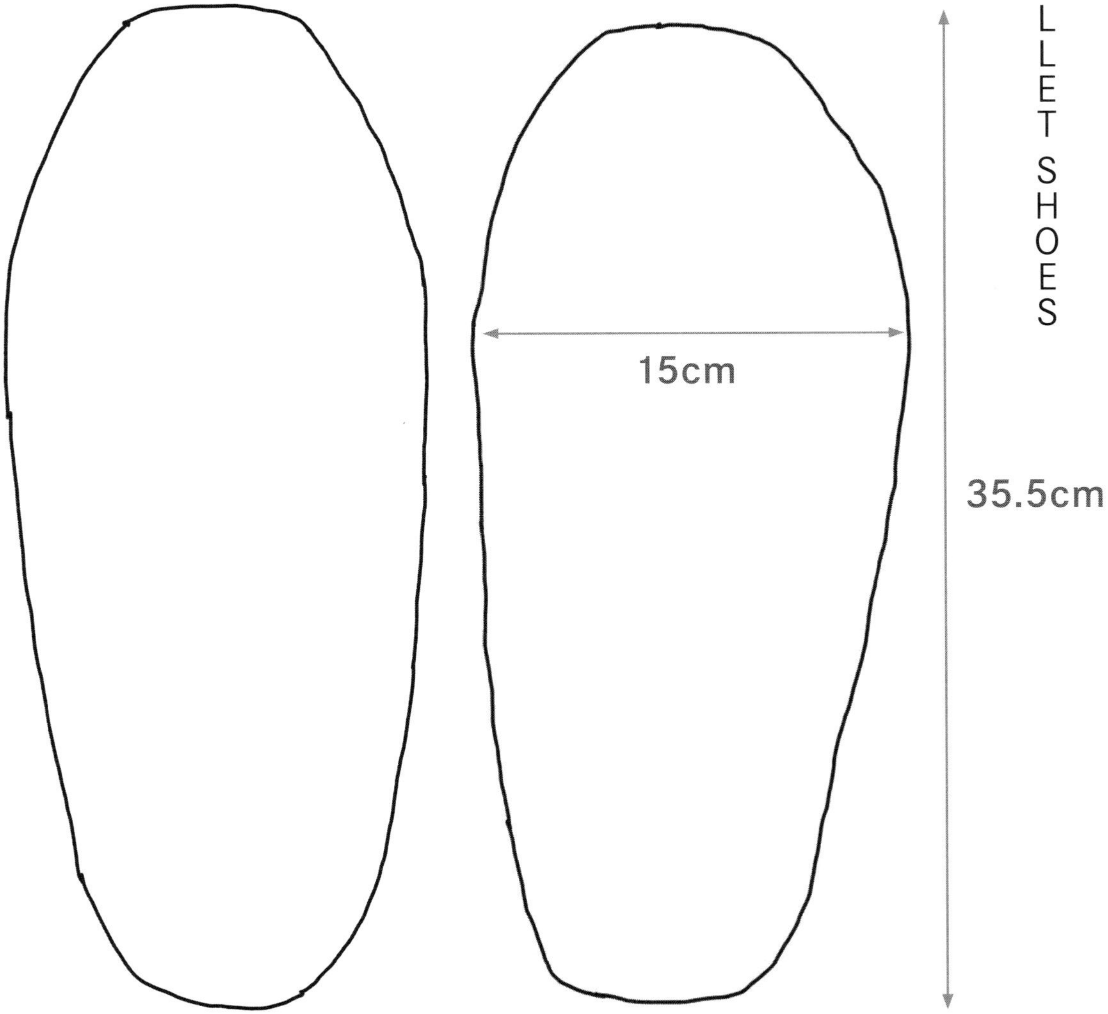

作品
P.22-23

作り方
P.68-70

arrangement

出来上がりの足のサイズを1㎝小さく作るには、型紙はタテ1㎝、ヨコ1㎝ずつ小さくし、羊毛は総量から5〜10gほど減らす。縮めながら、履いて調整するとよい。

型紙

14

SIMPLE SHOES

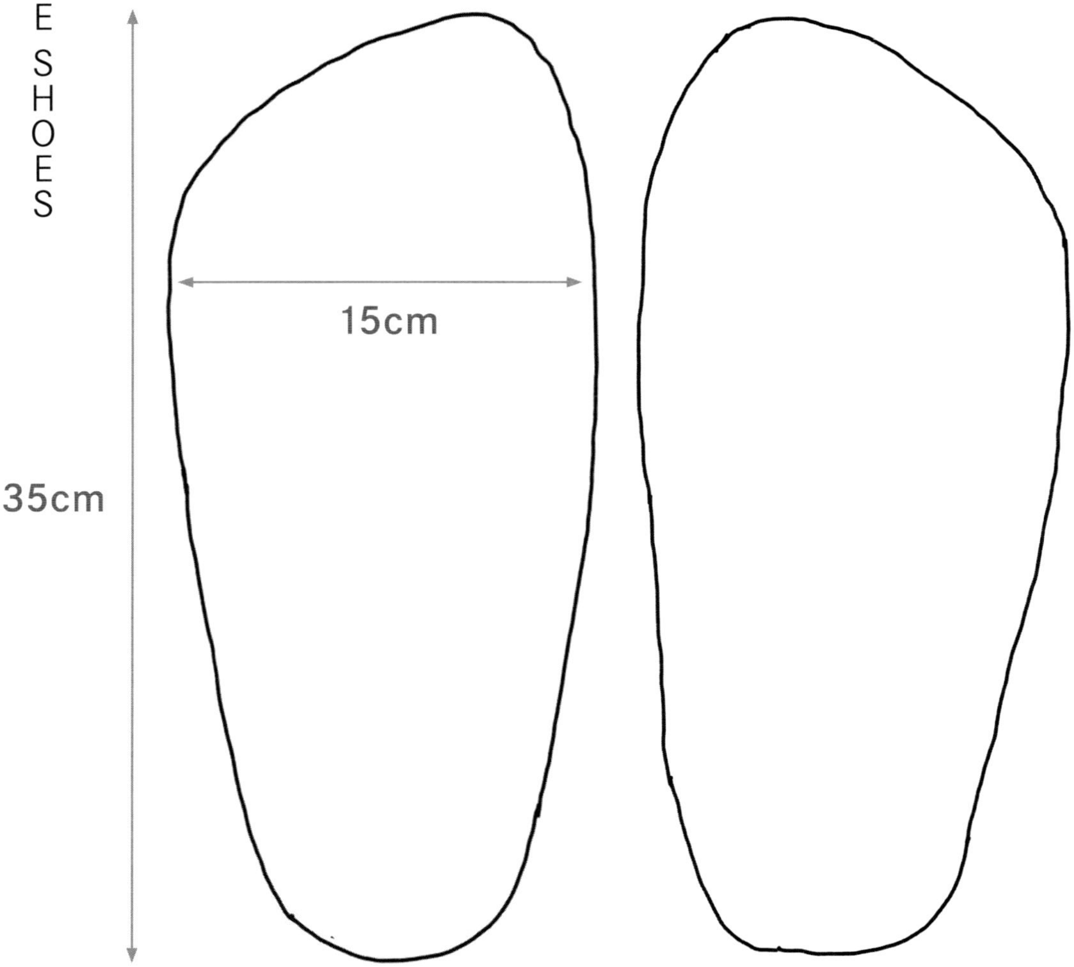

作品
P.22

作り方
P.68-70

arrangement

出来上がりの足のサイズを1㎝小さく作るには、型紙はタテ1㎝、ヨコ1㎝ずつ小さくし、羊毛は総量から5〜10gほど減らす。縮めながら、履いて調整するとよい。
※足首まであたたかいROOM SHOESも同様

型紙

15

足首まであたたかいROOM SHOES

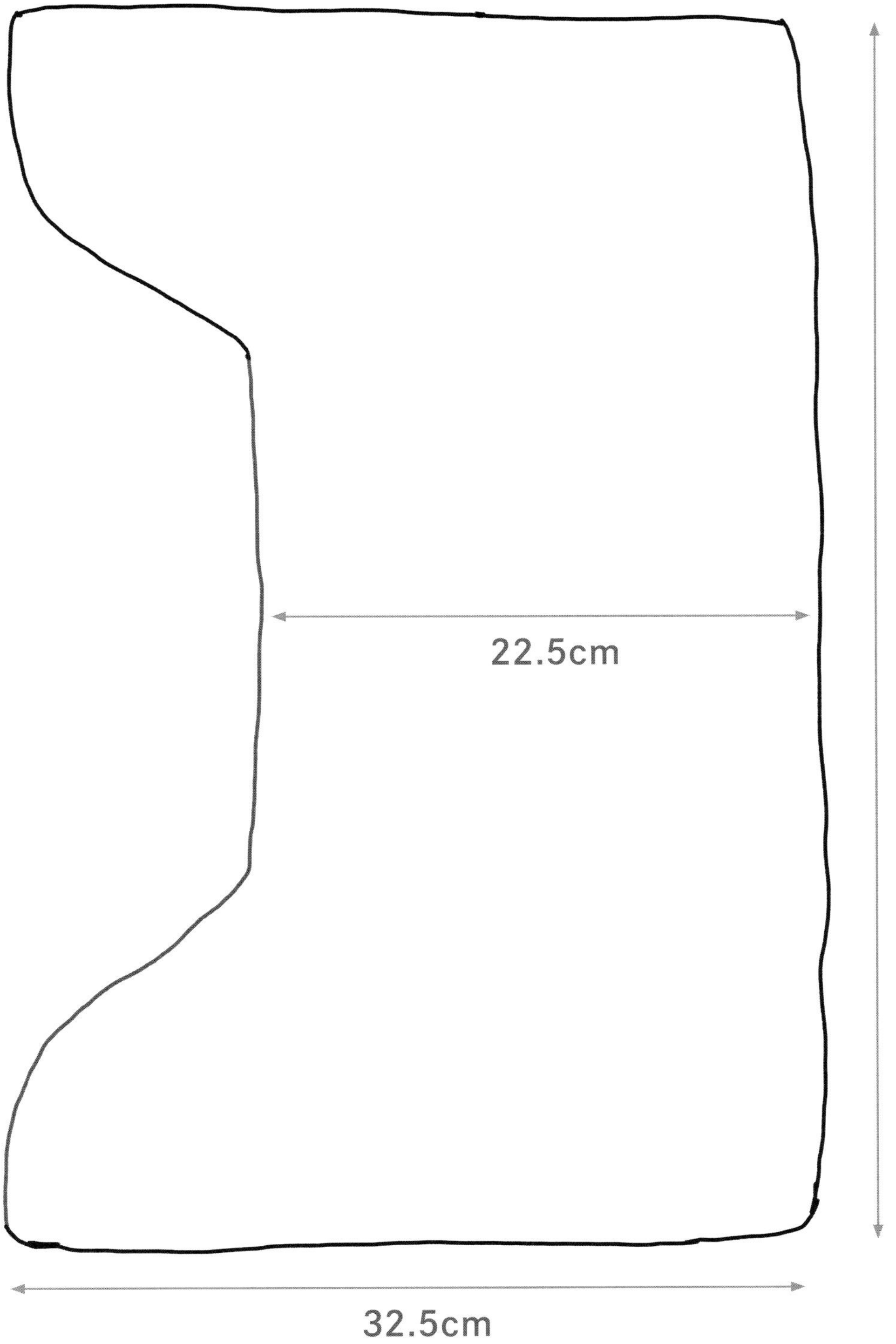

作品
P.23

作り方
P.73–75

PROFILE

緒方伶香

おがたれいこ

羊毛作家・イラストレーター

美大卒業後、TOPPAN（株）に入社。アートディレクションを経て、テキスタイルデザイナーへ。2000年より東京・吉祥寺「アナンダ」（2021年閉店。現在は山梨本店の営業）のスタッフとして羊毛に親しみ、羊毛のある暮らしや作品を紹介。著書に『羊毛のしごと+』『手のひらの動物 羊毛でつくる絶滅危惧種』（主婦の友社）、『えんぎもんフェルト』『スピンドルをくるくる回して羊毛を紡ぐ きほんの糸紡ぎ』（誠文堂新光社）、近著にイラストを担当した新刊『〈私〉の映画史』（白順社）。
Instagtam : @reko_1969
X: @hopetosa

STAFF

装丁・デザイン　千葉佳子(kasi)
撮影　松元絵里子
モデル　緒方里砂
スタイリング　荻野玲子
イラスト・型紙　緒方伶香
編集　佐々木素子

材料協力　ハマナカ株式会社
tel:075-463-5151
http://www.hamanaka.co.jp/

ふわふわの羊《よう》毛《もう》を
石《せっ》けん水《すい》でこすって固《かた》める
水《みず》フェルトのバッグと小《こ》物《もの》

2024年11月16日　発　行　　NDC594

著　　者　緒《お》方《がた》伶《れい》香《こ》
発 行 者　小川雄一
発 行 所　株式会社 誠文堂新光社
〒113-0033 東京都文京区本郷3-3-11
https://www.seibundo-shinkosha.net/
印刷・製本　TOPPANクロレ 株式会社

ISBN 978-4-416-52437-4